LA BRUYÈRE

AMATEUR
DE CARACTÈRES

FLOYD GRAY

LA BRUYÈRE
AMATEUR
DE CARACTÈRES

LIBRAIRIE A.-G. NIZET
PARIS
1986

« M. de la Bruyère peut passer parmi nous pour auteur d'une manière d'écrire toute nouvelle ».

Gilles Ménage

DU MEME AUTEUR

Le Style de Montaigne, Paris : Nizet, 1958.

Montaigne, textes d'Albert Thibaudet, établis, présentés et annotés par F. Gray, Paris : Gallimard, 1963.

Anthologie de la poésie française du XVIe siècle, New-York : Appleton-Century-Crofts, 1967.

Rabelais et l'écriture, Paris : Nizet, 1974.

La Poétique de Du Bellay, Paris : Nizet, 1978.

La Balance de Montaigne : exagium/essai, Paris : Nizet, 1982.

INTRODUCTION

Nous ne prétendons et ne voulons pas, dans cet essai, rendre compte de l'œuvre entière de La Bruyère. D'ailleurs, quelle critique pourrait avoir une telle ambition? Côtoyer l'œuvre, l'examiner dans ses intentions particulières, faire des coupes dans le texte, choisir ce qui se ramène à un propos qu'on aura, au cours du travail de déchiffrement, adopté, c'est tout ce qu'elle peut se permettre. Nous allons donc interroger le livre de La Bruyère dans les parties les plus marquées du sceau de l'originalité, dans des passages ou chapitres où le style représente une saillie hors d'un texte par ailleurs uniforme, dense et grave. Il y a en effet une différence de ton et d'intentions — de style donc — entre les chapitres tels que *Du souverain ou de la république, De la chaire, Des esprits forts,* par exemple, faits essentiellement de longs développements, d'allusions sous-entendues à des textes préexistants — Montaigne, Pascal entre autres —, d'une argumentation qui est déterminée par l'exemple d'autres penseurs, et des chapitres tels que *De la mode, De quelques usages* en particulier où, par mimésis, c'est le style qui révèle un sujet alerte et enjoué. C'est dans ces moments de préoccupations avant tout stylistiques que nous l'examinerons, là où l'on voit à l'œuvre l'*homo faber,* l'artisan. C'est en somme au La Bruyère poète que nous nous attacherons, tel qu'il se manifeste surtout dans les portraits, les « caractères »[1], où il ira bien au-delà de la stricte observation des mœurs et créera des personnages fantasques, qui tiendront du réel par les détails de leur apparence ou de leur comportement, mais seront emmenés par les exigences de la verve, apprise au contact progressif avec le texte,

---

1. Comme l'autorise la définition du *Dictionnaire* de Furetière (édition de 1727), pour qui un « caractère » est un « portrait » ou la « peinture des personnes ou des mœurs », j'emploie indifféremment les termes « portrait » et « caractère ».

dans les domaines du surréel (l'amateur d'oiseaux entre autres, Diphile, qui dans son sommeil est lui-même oiseau). Cela reviendra à représenter le côté particulièrement poétique de cette œuvre qui vise à instruire, condamner les vices, à dire ses vérités au monde, mais qui, par son exercice même, ne signifie qu'elle-même, prouve son autonomie dans le détachement d'une intention morale ou sociale.

La lecture de cette œuvre faite de fragments impose au lecteur un code particulier. Il est appelé, devant le laconisme et les vérités indiscutables de la maxime, à une re-création par laquelle il cherche à prolonger les données du texte pour le doter d'un sens où il lui accorde une plus ample résonance. Les portraits, par contre, découragent toute tentative d'augmentation ; le lecteur est placé abruptement devant une perfection telle qu'elle ne peut qu'être constatée et admise. Pour notre rejet donc, nous avons omis de notre discussion les longs passages ou chapitres qui se réfèrent à un réel vérifiable ; nous enlevons aux portraits leur statut de personnages à clef, pour ne retenir d'eux que leur présence en tant que métaphores d'une maladie ou d'un défaut universels. Le code que nous adoptons s'adapte ainsi à certains aspects de l'œuvre, et ne prétend pas nier une interprétation thématique, sociologique, historique, ni détruire ce que l'érudition pourrait par ailleurs apporter comme solutions à cette écriture qu'il faut admettre comme un exemple constant d'ambiguïté[2].

---

2. Mentionnons parmi les critiques les plus pertinents de La Bruyère, qui se sont intéressés, à divers degrés, à la forme et au contenu des *Caractères* : Roland Barthes, « La Bruyère », *Essais critiques*, Paris : Seuil, 1964, pp. 221-37; Jules Brody, *Du Style à la pensée : trois études sur les Caractères de La Bruyère*, Lexington : French Forum, 1980; Odette de Mourgues, *Two French Moralists : La Rochefoucauld and La Bruyère*, Cambridge University Press, 1978; Louis Van Delft, *La Bruyère moraliste : quatre études sur les Caractères*, Genève : Droz, 1971; Serge Doubrovsky, « Lecture de La Bruyère », *Poétique*, 1 (1970), 195-201; Doris Kirsch, *La Bruyère ou le style cruel*, Montréal : Presses de l'Université, 1977; Michael S. Koppisch, *The Dissolution of Character. Changing Perspectives in La Bruyère's « Caractères »*, Lexington : French Forum, 1981; André Stegmann, *Les Caractères de La Bruyère : Bible de l'honnête homme*, Paris : Larousse, 1972. Voir à ce sujet l'article de Hans Sanders, « Moralistik und höfische Institution Literatur : La Bruyère », *Romanistische Zeitschrift für Literaturgeschichte*, 5 (1981), 193-213.

Dès le moment où La Bruyère a commencé à avoir conscience de l'œuvre qu'il projetait, il a imaginé, selon ces formes qui mystérieusement guident les écrivains dans le choix de leur manière, une œuvre faite de fragments, de pièces diverses, la forme qu'adopte tout écrivain qui demandera au déploiement de l'œuvre de livrer son secret, son originalité. C'est le critique en lui qui aura été poussé à ce choix, celui qui, quand il commence à écrire, brise d'avance l'élan même de l'écriture pour se replier sur son fonctionnement. Immédiatement donc un métalangage se greffe sur le langage. Ainsi cet écrivain perd, dans le corps d'un paragraphe, l'illusion d'une continuation, la conscience d'une nécessité de développement. Son destin de critique a poussé La Bruyère vers un genre qui exige un resserrement, une simplification de tout sujet, l'usage de la litote. Cette œuvre est plutôt la vaste esquisse ou le reflet d'une grande œuvre possible, qui serait continue et s'imposerait par l'ordonnance de sa masse. La Bruyère s'est placé ainsi d'emblée dans une catégorie nettement différente de celle des dramaturges de son époque qu'il admirait tant, ou des romanciers qui sont déterminés dans leur démarche par l'idée et les exigences d'une trame et qui ne permettraient pas, dans le texte, l'intrusion avouée d'une analyse du texte même. L'œuvre a pris sa forme selon la constatation, chez La Bruyère, d'une certaine pénurie en lui, un manque d'envol dans les développements d'une pensée, d'un thème; sa nature le poussait au repliement sur soi, donc sur le texte, si bien que l'œuvre se propose comme un exercice très exigeant d'écriture. Il est significatif d'ailleurs que La Bruyère mette à l'entrée de son œuvre sa traduction de Théophraste; c'est, dès le début, admettre un exemple d'écriture, consciente de ses privilèges.

La Bruyère oscille entre maximes et caractères; il encourage également le dialogue de ces deux formes dans un but peut-être de variété, ajoutant au sérieux de la maxime le divertissement des caractères. Ni l'une ni l'autre manière ne lui aurait suffi — les maximes lui sont apparues comme le support d'un texte constitué par des portraits qui serviraient d'illustration aux maximes, à moins que ce ne soient les portraits qui aient déterminé les maximes pour les universaliser. Il y a eu un échange d'ordre mimétique entre les deux; ce qu'il y a d'abstrait dans les maximes réapparaît dans les portraits qui, même s'ils sont fondés sur le détail, visent à l'universel et sont parfois dépouillés au point de devenir des idées. Partout règne également la clarté d'une raison dirigeante.

L'originalité du dessein de La Bruyère est évidente si nous le situons par rapport à La Rochefoucauld et à Pascal : c'est dans cette alternance des maximes et des portraits qu'elle se manifeste. Le fait que bon nombre de portraits ont été écrits après les maximes et insérés plus tard dans le texte est une indication de l'attention avec laquelle La Bruyère agençait son œuvre en vue d'une certaine variété, source de surprises répétées. C'est aussi une preuve incontestée de ses intentions premières : choix d'une écriture soucieuse avant tout de clarté et de simplicité. Par là le texte est un commentaire sur lui-même, exposant ses sources d'origine analytique. Le fragment est en effet une forme d'écriture qui se condamne d'avance elle-même, dirigée dans son progrès par l'idée d'une fin, souvent une pointe rehaussant et justifiant le texte tout entier qui, dès le commencement, avait prévu ses brisures.

Cette écriture fragmentée au maximum se détruit à chaque instant par son fonctionnement. Elle s'annonce et pourrait se proposer comme une aventure, mais, pour qu'elle existe, il faut qu'elle se juge, se voie, contrôle sa démarche. C'est le témoignage d'une nature éminemment critique qui n'a aucune illusion au niveau humain et peut-être aussi du côté du style, car, même si l'*homo faber* doit être conscient de l'excellente facture de son œuvre, il ne peut s'empêcher de se méfier des hasards de l'écriture et de ses possibilités de faiblesses et d'errances. Ses visées − quoiqu'elles apparaissent nettement déterminées − ne sont pas unilatérales. Quand, par exemple, il parle des enfants qui sont hautains, ce n'est pas pour dépeindre l'enfance, mais pour accuser l'homme qui y est déjà compris, la surprise affirmant l'articulation impeccable du « caractère » : « Les enfants n'ont ni passé ni avenir, et, ce qui ne nous arrive guère, ils jouissent du présent »[3]. La Bruyère examine les limites des sujets les plus vastes : l'esprit

3. La Bruyère, *Les Caractères de Théophraste traduits du grec avec les Caractères ou les Mœurs de ce siècle*, édités par Robert Garapon, Paris : Garnier, 1962, 51 : 315. Je cite désormais d'après cette édition, le premier chiffre renvoyant au paragraphe ou « caractère », le deuxième à la page.

humain, Dieu, la vie et la mort. Selon sa tendance critique, il s'attache plus à la délimitation qu'au développement ou à l'augmentation. Son écriture a une telle rigueur qu'elle impose une manière de lecture retenue et docile. De par sa nature, elle est d'une extrême densité, ce qui lui donne la marque du définitif. Il faut que la maxime contienne un contraste, une surprise, une pointe et, dans la masse de la pensée, un retour, un regret : « Il n'y a pour l'homme que trois événements : naître, vivre et mourir. Il ne se sent pas naître, il souffre à mourir, et il oublie de vivre » (48 : 314).

Quand La Bruyère juge la dose de l'esprit chez les gens, il peut être rapproché de Montaigne par sa tendance à peser; mais tandis que la pesée de Montaigne est un moyen d'amplifier le sujet, celle de La Bruyère aboutit très souvent à son annihilation. Dans l'alchimie des *Caractères,* un sujet qui s'annonce fructueux se prépare à une déchéance; le positif est un leurre, un prétexte à écriture destructrice. C'est ainsi que, pour montrer le vide d'un personnage qui se manifeste par une présence « bruyante », il procède par phrases brèves qui agissent en tant que mimésis de ce vide :

> il (Théodecte) rit,
> il crie,
> il éclate,
> il mange,
> il boit,
> il conte,
> il plaisante,
> il interrompt tout à la fois (12 : 156)[4]

et quand il analyse la structure de la ville et qu'il en décrit les « diverses sociétés », c'est pour préparer la fin, où, atténuant son sujet, il termine par une image dénigrante qui pourrait passer pour une vulgarisation des « neiges d'antan » de Villon : « il n'est en fort peu de temps non plus parlé de cette nation que des mouches de l'année passée » (4 : 208). Dans l'optique de la vanité, la vie est considérée comme un prélude à la mort : « Il fera

---

4. Serge Doubrovsky fait allusion à cet aspect de l'écriture de La Bruyère et parle, à son sujet, de « parataxe ». Voir sa « Lecture de La Bruyère », p. 200.

demain ce qu'il fait aujourd'hui et ce qu'il fit hier; et il meurt
ainsi après avoir vécu » (12 : 213). On ne peut exposer d'une
façon plus vaine le néant de la vie et de la mort, le manque de
motivation et de variété dans les actions figurant la mise à nu
d'un échec.

C'est consciemment que La Bruyère relève des idées fixes
qui deviennent l'idée fixe des *Caractères*; l'isolement d'un trait
dominant dans un homme est l'image d'une nécessité d'écriture
simplificatrice qui relève des idiosyncrasies. La plupart des
personnages des *Caractères* sont des maniaques qui, mis ensemble, représentent la folie humaine. Le particulier n'est que l'illustration de l'universel (les fragments prennent ainsi un sens
dans un ensemble), et c'est à force d'exemples que La Bruyère
devient l'auteur d'une œuvre assez massive et imposante. La
plupart de ces personnages sont autres que ce qu'ils croient ou
veulent être; La Bruyère s'intéresse aux limites qu'un individu
cherche à dépasser; les conquêtes (résultats) sont minimes par
rapport à l'effort qui s'y exerce. Cette ambition de l'individu
est aussi parallèlement le texte qui veut avancer et se grossir.
A l'intérieur du fragment, se joue le drame de l'écriture même
qui dépend de ce morcellement pour exister, qui donne aux
limites une fonction génératrice. C'est dans son resserrement
que la pensée prend corps et trouve son unique sens.

Si La Bruyère ne s'aventure pas dans de trop longs développements, c'est qu'il se plaît à un instant de la pensée et qu'il
transcrit par honnêteté sa lente démarche. Chez Montaigne, au
contraire, même si l'écriture est fragmentaire par le choix qu'il
a fait du genre « essai », elle souhaite un certain foisonnement,
car la pensée se cherche au sein même du texte qui se fait. Chez
La Bruyère, la pensée s'est trouvée et nous assistons à l'exposé
de ses résultats. La fragmentation ne laisse pas d'ouvertures à
la divagation; elle est parole au bord d'un abîme et qui souligne
l'abîme. La dynamique, quand La Bruyère écrit, est contrôlée
au point de devenir inertie. Même dans les portraits, les éléments
se juxtaposent pour former un ensemble statique, aménagé pour
un effet final. La Bruyère procède à la mise à nu du sujet et, ce
qui en reste, c'est surtout une ligne de vigueur et de rigueur. Le
développement est ainsi né pour des raisons de style, qui se manifeste dans une forme succincte et claire.

Les personnages de La Bruyère sont faits de traits limitants : dire *les* hommes n'est pas la même chose que dire *un* homme. Par là est indiqué la différence entre le genre « caractère » et le genre « roman », ce dernier alimenté le plus souvent par ce qui contribue à la formation, au développement d'un seul être central, au milieu d'une société. Les personnages de La Bruyère sortent de son laboratoire d'écrivain ; ils ne « vivent » pas ; ils se contentent d'« être ». Figés, plaqués, arrêtés, peu importe, ils *sont* dans leur réalité d'écriture. Les milieux dans lesquels La Bruyère s'enferme sont à l'image de ce qu'il écrit. Ses dialogues sont unilatéraux et l'échange y est impossible, car il a d'avance résolu tout problème et il n'a plus rien à y chercher. Voilà qui désigne la démarche de La Bruyère, non pas en quête de vérité, mais en possession d'une vérité qu'il a forgée tout entière, encouragé par une certitude foncière. Il existe un caractère-type, qui est devenu une manière, personnage campé d'une façon péremptoire, dont il est le seul juge. Pourtant, au cours du fonctionnement des caractères, il s'interroge sur le jugement que l'on pourrait porter sur le personnage. Ainsi une critique du genre « caractère » se greffe sur la critique des *Caractères* : « Qui pourrait écouter ces sortes de conversations *et les écrire*, ferait voir quelquefois de bonnes choses qui n'ont nulle suite » (67 : 172).

En plein XVIIe siècle, voici un autre monument dressé à la raison qui croit en ses prérogatives. La Bruyère, par des moyens littérairement humbles, la maxime, le « caractère », la « pensée », la réflexion, impose une croyance en la logique aussi imperturbable qu'elle le serait dans le discours philosophique d'un Descartes, la tragédie d'un Corneille ou les *Pensées* d'un Pascal. C'est dire que la raison s'est présentée à La Bruyère comme maîtresse de sa démarche, qu'elle élimine le doute. Peu d'œuvres sont fondées sur une telle épuration ; ses résultats sont les produits plutôt que les étapes d'une quête, solution plutôt que résolution d'un problème. Si son œuvre est si peu métaphorique, c'est qu'elle se contente de comparaisons dont la fonction est de faire avancer le texte aisément et évite les figures qui pourraient l'encombrer ou le faire dévier : « Il ne faut pas qu'il y ait trop d'imagination dans nos conversations ni dans nos écrits ; elle ne produit souvent que des idées vaines et puériles, qui ne servent point à perfectionner le goût et à nous rendre meilleurs : nos pensées doivent être prises dans le bon sens et la droite raison, et doivent être un effet de notre jugement » (17 : 159). Quand La Bruyère avance des pensées qui proviennent du bon sens et des jugements qui se fondent sur la raison, il ne se demande pas s'il n'y a pas une bonne part d'imagination dans notre jugement ; il offre un choix d'idées, sans les approuver, comme si elles étaient préconçues en un lieu arbitraire de clarté et de logique absolues.

Les *Caractères* appartiennent à une littérature modérée, mais qui, ayant admis un niveau moyen, « médiocre », se développe grâce à cette modération même, témoignage de l'écrivain qui se meut dans un milieu d'une parfaite clarté, amateur d'objets, céramiste plutôt que sculpteur, aquarelliste plus que grand peintre. Le « clair-obscur » dont parle Thibaudet définit l'art avec lequel La Bruyère met en relief un trait ou une faculté de ses personnages ainsi qu'un aspect de sa pensée. Le souci de la clarté pourrait provenir du manque de conscience de l'obscurité dans la pensée et l'expression ou plutôt d'un désir de la dépouiller de toute impureté ; La Bruyère tend sans hésiter vers l'essentiel tout en négligeant les complexités qui obstrueraient le mouvement de sa pensée[5]. Ceci encore est le contraire de la démarche de Montaigne, qui encourage les ombres et se refuse à une clarté facile et immédiate ; cette propension est indiquée nettement par le choix que l'un fait de l'essai et l'autre de la maxime ou du portrait. Le titre de La Bruyère est déjà une définition : l'étymologie de « caractère » (*empreinte, signe gravé*) nous donne la « vérité » sur une manière, sur le trait qui arrête et fige. A l'opposé du romancier qui vise à augmenter son sujet par son développement (syntagmatiquement), La Bruyère procède par accumulation, énumération, répétition (donc paradigmatiquement) ; sa phrase semble tuer en elle le germe de la suivante ; elle est un tout (comme dans les « caractères » plus étendus tels que Giton et Phédon). La Bruyère, craignant que le sens soit douteux dans l'espace d'une seule phrase, en arrête l'envol ; de là son goût pour la *maxima sententia,* qui le dispense des *minimae sententiae.*

La Bruyère, parlant de son ouvrage, nous dit qu'il « a eu

---

5. Voir le mot de Gide à ce sujet : « Si claire est l'eau de ces bassins, qu'il faut se pencher longtemps au-dessus pour en comprendre la profondeur » (*Journal* 1889-1939, Paris : Gallimard, Bibliothèque de la Pléiade, 1941, p. 826).

quelque succès par sa singularité » (p. 513), et il nous aide lui-même à le définir et le cerner dans l'analyse qu'il fait de ses procédés dans des textes tels que le *Discours sur Théophraste,* la *Préface* aux *Caractères,* le *Discours de réception à l'Académie Française* et surtout le chapitre *Des ouvrages de l'esprit.* Il tend en effet à se voir « écrivant » ; sur le matériau du livre se greffe, comme sa conséquence naturelle, le commentaire, qui semble avoir immédiatement un double but : exprimer sa propre œuvre en critique et en même temps s'expliquer auprès du lecteur pour qu'il sache comment le situer et le lire[6]. L'auteur insiste pour que le lecteur ne dépasse pas les limites du texte : « il faut savoir lire, et ensuite se taire, ou pouvoir rapporter ce qu'on a lu, et ni plus ni moins que ce qu'on a lu » (p. 63). Ainsi La Bruyère se fait de l'écriture une idée absolue, proposant un seul sens, et, la pureté qu'il souhaite à son propre texte, il l'impose au lecteur, auquel il semble indiquer, par le fait seul de l'écrire, qu'il n'y a rien à y ajouter. L'imagination qu'il est prêt à accorder aux grands écrivains de son choix, il la nie d'avance à son lecteur, auquel il impose une attitude de révérence et de partielle inertie. La Bruyère nous met devant un objet qu'on peut admirer, contempler, mais sans oser y toucher, ce qui est loin de faciliter la tâche du commentateur, qui se propose d'interroger l'obscurité dont une telle clarté se dégage.

---

6. La Bruyère, lecteur de Rabelais, a pu se souvenir ici des prologues de *Gargantua* et *Pantagruel,* où l'auteur s'examine devant son public et en même temps juge le lecteur de son choix.

I. LES OUVRAGES DE L'ESPRIT

La Bruyère commence ses *Caractères* par les *Ouvrages de l'esprit*, prologue dans lequel il situe immédiatement son œuvre à un niveau d'*art*, avertit le lecteur qu'elle procède d'intentions critiques vis-à-vis des autres écrivains. Ainsi il travaille à son propre « ouvrage de l'esprit ». Il s'y juge et s'y éprouve, en se comparant (Montaigne dirait « en se frottant ») aux autres, pour découvrir sa propre manière.

Au lieu de peindre des « caractères » fictifs, ce sont divers auteurs anciens qu'il mentionne d'abord, tels que Homère, Virgile, ou modernes comme Bouhours, Boileau, etc. Le critique s'exerce plus particulièrement dans un jeu de comparaisons — où éclate son sens des distinctions lucides — telles que Térence et Molière, Marot et Rabelais, Corneille et Racine; les épistoliers Balzac et Voiture, comparés aux femmes qui excellent dans l'art d'écrire des lettres. Cette multiplicité de références nous donne la clef du déchiffrement d'une œuvre dépendant d'une intertextualité toujours présente et par rapport à laquelle il se juge. En cela La Bruyère se rapproche de Montaigne — surtout celui des premiers *Essais* qui, selon lui, « puent un peu à l'estranger »[1] — qui ne s'arroge pas le droit d'écrire tout à fait en son propre nom et prouve son intégrité en se rendant compte de ce qu'il doit à ses lectures : « Je ne dis les autres, sinon pour d'autant plus me dire »[2]. Le « caractère » de La Bruyère se dessine donc dans un jeu d'échanges et de renvois; sa propre lumière lui vient d'un ensemble de reflets qu'il doit à ce qui le précède et l'entoure.

---

1. Montaigne, *Œuvres complètes*, éd. A. Thibaudet et M. Rat, Paris : Gallimard, 1962, III, v, p. 853.
2. Montaigne, I, xxvi, p. 146.

Sa discussion des écrivains particuliers le conduit à des réflexions sur les différents genres, qui lui donnent un exemple de ces manifestations de l'« esprit » des *autres* qu'il pourrait partiellement rapprocher du sien ou dont il pourrait nettement s'éloigner, mais qui lui servent de moyens de peser son propre genre : la critique, l'opéra, la tragédie, la comédie, le roman, le sermon, la satire. Tout se ramène pour lui à une définition du sublime et du génie. Normes et divergences s'interpénètrent pour aboutir, mais par une démarche lente et indéterminée, à une définition d'un caractère composite, donc infiniment complexe : La Bruyère lui-même.

Dans ses jugements, La Bruyère s'impose en tant que critique absolu, qui ne doute pas et est sûr d'avoir toujours raison, si bien que l'on peut s'interroger sur l'origine de cette « présomption ». On pourrait en effet lui faire les objections qu'il adressait à ceux qui, sans hésitation, appelaient Eurypyle un « bel esprit » : « Je vous demande quel est l'atelier où travaille cet homme de métier, ce bel esprit ? Quelle est son enseigne ? à quel habit le reconnaît-on ? quels sont ses outils ? est-ce le coin ? sont-ce le marteau ou l'enclume ? où fend-il, où cogne-t-il son ouvrage ? où l'expose-t-il en vente ? » (20 : 356). Il impose une critique si affirmée que le lecteur ne peut que la constater et l'accepter; ses jugements sont présentés avec une netteté telle qu'elle supprime toute possibilité d'errance dans l'interprétation. Rien de plus éclairant qu'une comparaison avec Montaigne, qui maintient dans ses portraits une dimension d'ombre, devant laquelle le lecteur peut s'exercer. La Bruyère a pu arriver à cette manière par une démarche automatiquement simplificatrice, c'est-à-dire que son but a été, dès les premiers moments de son entreprise, de dire clairement sa pensée. Il en est arrivé à greffer sur le monde de son expérience un autre monde, le sien propre, qui serait régi par les désirs et les normes d'une écriture particulière, toute de lucidité et d'assurance. Son attitude rigoureuse et négative est particulièrement limitante vis-à-vis de l'art d'écrire. Les partis pris de sa critique se résument dans ces catégories : 1) l'idée que tout est dit; 2) la notion de clarté et du mot juste; 3) le fait qu'écrire est un métier; 4) l'idéal de perfection littéraire; 5) les rapports entre l'auteur et son public; 6) les rapports entre l'auteur et la critique; 7) l'idée qu'il se fait du génie; 8) la fragmentation scripturale.

1. TOUT EST DIT

La Bruyère vise à un effet de choc au seuil de son livre :
« Tout est dit, et l'on vient trop tard depuis plus de sept mille
ans qu'il y a des hommes et qui pensent » (1 : 67). La formule
est si ambiguë et percutante qu'elle se prête à des interprétations
diverses et même contradictoires. Cette maxime apparemment
négative est une amorce positive à tout ce qui *n'est pas dit* et
qui le sera précisément dans l'œuvre annoncée brutalement
dans une remarque niant tout discours d'une manière si dramatique.
La Bruyère veut-il renvoyer le lecteur ou, plus simplement,
l'inciter à voir ce qu'un auteur peut produire après tant d'autres ?
Nous sommes porté à croire qu'il aura voulu charger la première
réflexion de l'œuvre d'une forte dose d'ironie, ce qui indiquerait,
dès ce moment privilégié de son ouvrage, une manière très particulière
de le situer. La Bruyère n'aurait pas mieux réussi à alerter
son public s'il avait écrit : « *rien* n'est dit ».

Même si le verbe *dire* s'emploie — s'employait déjà au XVIIe
siècle — dans le sens d'« exprimer », « révéler quelque chose de
nouveau, de personnel », il est possible que La Bruyère l'emploie
au lieu d'*écrire*. L'ambiguïté du dire/écrire agit comme un leurre :
prétendre que « tout est dit » n'est pas aussi abrupt et concluant,
au début d'un livre, que « tout est écrit » ; dire peut suggérer des
paroles volantes (*verba volent*), non-enregistrées, celles qui
appartiendraient à une tradition orale. Il ne suffit donc pas
d'avoir *dit*, il faut aussi savoir écrire (*scripta manent*).

Robert Garapon voit ici une réflexion « quelque peu désabusée »[3], ce qui serait le cas peut-être si elle ne servait pas d'ouverture
théâtrale à son œuvre. Ne s'agit-il pas ici plutôt du défi
d'un auteur, sûr de ses moyens, sachant comment écrire *autrement*
ce qui a déjà été écrit ? Même s'il partageait le sentiment
de ceux qui croyaient venir trop tard — ce qui est, après tout,
un *topos* de prologue — La Bruyère n'a pas dû hésiter à conférer
à cette remarque une fonction particulièrement dynamique[4].

---

3. Dans son édition des *Caractères*, p. 67.
4. Voir le pastiche de Lautréamont qui prend la contrepartie de la
remarque de La Bruyère : « Rien n'est dit. L'on vient trop tôt depuis plus
de sept mille ans qu'il y a des hommes. Sur ce qui concerne les mœurs,

Le jeu de l'auteur est particulièrement visible. Cette remarque cinglante cache aussi une certaine attitude vis-à-vis de la question des Anciens et des Modernes. De sa part, c'est faire, sous l'apparence de l'humilité (lui-même n'aurait rien à dire), un aveu de reconnaissance vis-à-vis des Anciens (admettant qu'ils auraient tout dit avec excellence), mais tout en signifiant, au moment où il annonce son livre que, malgré son respect pour les Anciens, il entrevoit la possibilité de briser ce « tout est dit » et de se frayer son propre chemin.

Nous avons ici quelque chose de comparable à l'entreprise des poètes de la Pléiade, disciples de Ronsard, qui devaient assurer leur originalité par rapport à lui en optant pour des projets plus modestes. Cette attitude en apparence négative est productrice d'œuvres autonomes, comme les *Regrets* de Du Bellay, les *Petites inventions* de Belleau.

La Bruyère pense en écrivain aux auteurs qui l'ont précédé, plus précisément Théophraste, auteur des *Caractères,* qu'il acceptera comme modèle, mais en le surpassant, puisque ses « caractères » seront entourés, soutenus, confirmés par toute une argumentation qui se manifeste dans les maximes et les « pensées », ce qui n'existe pas chez Théophraste. Nous ne sommes pas loin également de l'entreprise de Mallarmé telle que la voit Albert Thibaudet quand il emploie, pour situer ce poète, l'image de Didon qui, « abordant en Afrique, demande des terres au roi du pays », qui, « par dérision, lui en offrit l'étendue d'une peau de bœuf », que la reine découpa « en lanières si minces qu'elle entoura un espace suffisant à construire Carthage »[5].

« Tout est dit » semble aussi dicter une forme particulière d'écriture, un doute sur sa démarche, sur les errances de l'imagination, les dangers de son aventure. La Bruyère a opté, dans une partie de son œuvre, pour la maxime, genre limité et limitant. Établir une maxime, c'est nier le mouvement, c'est proposer un

---

comme sur le reste, le moins bon est enlevé. Nous avons l'avantage de travailler après les anciens, les habiles d'entre les modernes » (*Œuvres complètes,* éd. Pierre-Olivier Walzer, Paris : Gallimard, Bibliothèque de la Pléiade, 1970, p. 292).

5. Albert Thibaudet, *La Poésie de Stéphane Mallarmé,* Paris : Gallimard, 1926, p. 122.

refus d'inspiration proche d'un refus d'écriture. La maxime se référant volontiers aux thèmes essentiels de vie et de mort, tourne sur elle-même pour englober dans un petit espace les sujets insolubles les plus vastes. La *maxima sententia* est un prétexte à écriture minimisante, arrêtée dans son effort, car, par son autorité, elle empêche un appel au doute ou à l'invention.

Les « caractères », insérés dans une suite de maximes ou de réflexions d'ordre général, ne s'apparentent-ils pas aussi, en un certain sens, à la maxime ? Le « caractère » en effet vise également à la généralisation, la simplification, l'abstraction ; comme la maxime, il tourne sur lui-même, ne se sépare jamais d'un dessein initial, enferme une masse compacte et close ; il est à peine commencé qu'il prévoit sa fin. Les *Caractères* sont le testament de celui qui tient un journal au lieu de vivre une œuvre pleine, sûre dans sa démarche. Mettons aux antipodes de ce genre le roman balzacien qui, reproduisant un flux de vie, est pour l'auteur l'équivalent d'une existence vécue, d'autant plus, qu'un roman achevé, Balzac le continue dans sa vaste entreprise de la *Comédie humaine*. Si le romancier est entraîné par le mouvement de la création, La Bruyère le nie à chaque instant ; son souci de perfection, éprouvé à l'intérieur de la phrase même, lui défend le développement, la propension. Peut-être a-t-il eu aussi le sens d'un certain manque, parent de la stérilité. Même si de nombreux éléments de sa production s'apparentent au roman, rien n'est en soi plus accusateur du genre roman ; sa crainte de l'enflure l'a poussé dans l'exploitation de son contraire : le dessèchement. Le « tout est dit » l'a conduit ainsi à l'acceptation du fait qu'il n'a pas grand-chose à dire, ou, en tout cas, que ce qui lui reste à dire doit être présenté de façon succincte. « Tout est dit » est l'indication d'une écriture qui s'impose, avant son essor, des contraintes. On pourrait en cela l'opposer à celle, toujours errante, de Montaigne allant au hasard au-devant de multiples augmentations possibles. Dès le premier chapitre des *Caractères*, il s'agit d'une admission du négatif inhérent à l'affirmatif ; « tout est dit » est une façon de placer son œuvre sous le voile de l'ironie qui agira comme éclairage de l'œuvre à venir. Les *Caractères* s'affirment, prouvant qu'il y a des choses à dire et que La Bruyère a l'intention de défendre son autonomie, de s'assurer ses propres terrains. Il a certainement voulu admettre les prérogatives du moderne (son écriture) par rapport à l'ancien auquel il prétend donner toute autorité.

Ayant adopté une écriture qui trouve dans la fragmentation sa forme même et sa substance, La Bruyère ne divise pas son matériau afin d'en multiplier les divers aspects, mais pour d'autant mieux en délimiter les contours. « Tout est dit » pourrait être interprété non pas uniquement par rapport aux Anciens, mais également par rapport aux Modernes, contemporains de La Bruyère. En effet, lui-même arrive après les grands dramaturges Corneille, Racine et Molière et il a pu se croire réduit à un genre moindre qui sera devenu les *Caractères* parce que tout ce qui était noble et digne d'une forme somptueuse avait été fait. Le dépouillement de tout sujet que La Bruyère entreprend pourrait aller de pair avec le goût qu'il éprouve pour un style clair, lumineux, considéré comme une victoire sur la complexité, l'obscurité, le doute. Il a opté pour le style du critique, net, froid, éclairé plus qu'éblouissant; son goût de la mesure le conduit à l'art de dire aussi peu que possible avec peu de moyens tout en donnant des recettes rigoureuses de la manière d'y parvenir : « Tout l'esprit d'un auteur consiste à bien définir et à bien peindre » (14 : 70).

La Bruyère se sent tenu d'écrire dans des zones apparemment peu génératrices : « Sur ce qui concerne les mœurs, le plus beau et meilleur est enlevé; l'on ne fait que glaner après les anciens et les habiles d'entre les modernes » (1 : 67). L'idée de glaner est d'une part une marque d'infériorité; d'autre part elle assure des terrains scripturaux d'autant plus fructueux qu'ils sont resserrés, car c'est en s'imposant des limites que La Bruyère semble écrire. *Glaner* lui fournit une métaphore de l'écrivain qui n'existe que par sa dépendance des autres et par une production fragmentaire; le moissonneur pourrait par rapport au glaneur être la métaphore de l'écrivain produisant une œuvre entière, uniforme, solidement bâtie. Cependant la modestie qui accompagne l'acceptation d'une écriture tronquée, partielle, faite de bribes, le hausse à un niveau positif d'orgueil. Dès cette première maxime, l'auteur des *Caractères* réduit les terrains de son enquête, prévoyant peut-être une certaine carence d'originalité dans son étude des mœurs. Et pourtant, c'est sur ce fond négatif que son œuvre va prospérer; à force de glaner, il aura trouvé le matériau de son œuvre, les gerbes de son choix.

La place prépondérante de cette réflexion sur « Tout est dit » lui donne un sens particulièrement fort; ce qu'il y a de négatif dans le thème est racheté par l'audace et la vigueur de l'écriture qui aura pensé pour lui; la nouveauté qu'il recherche pour justifier son œuvre apparaît précisément dans cette énergique affirmation. Son goût de la perfection ne l'incite-t-il pas à produire scripturalement des objets finis, polis et repolis, qui se dessinent nettement dans l'espace ? N'y aurait-il pas dans ce « tout est dit » l'annonce de ce qui sera plus tard l'idée de Flaubert, d'écrire un livre sur rien, qui tient par la seule force du style ? La Bruyère, se rendant sans doute compte d'un manque de matière, aura voulu trouver dans la manière une compensation, une raison d'être et d'être dit. La précision des contours que nous trouvons chez Flaubert, elle figure déjà chez La Bruyère comme modèle; cette précision d'ailleurs n'est possible que chez ceux qui attachent une grande importance à la description. Leur écriture à tous deux est le résultat d'un dépouillement extrême, d'une croyance absolue en la forme[6].

2. LA NOTION DE CLARTÉ ET DU MOT JUSTE

La Bruyère croit — contrairement à Montaigne par exemple — que l'on peut penser et parler juste[7] : première restriction qu'il établit dans le champ des matériaux scripturaux, car il élimine tous les doutes possibles, indique les frontières qu'il a admises dès le début dans l'investigation des mystères de la pensée et de son expression. Dans notre analyse cependant, il faut relever que la clarté recherchée par La Bruyère est le résultat d'un travail considérable sur le langage, mis au service d'une pensée qu'il souhaite aussi saisissable que possible. La clarté de la pensée est voulue, semble-t-il, pour la clarté du style. Un

---

6. N'oublions pas d'ailleurs que Flaubert appréciait La Bruyère pour ses qualités de style : « Hier soir j'ai lu du La Bruyère en me couchant. Il est bon de se retremper de temps à autre dans ces grands styles-là. Comme c'est écrit ! Quelles phrases ! Quel relief et quels nerfs ! » (G. Flaubert, *Correspondance*. Nouvelle édition augmentée, Paris : Conard, 1926, vol. I, p. 369).

7. Montaigne aurait pu dire avant d'écrire : « Qu'est-ce que penser juste et, par conséquent, parler juste ? »

deuxième élément négatif apparaît au moment où, proposant son
ouvrage au public — dans un geste apparent de modestie : « c'est
une trop grande entreprise » (2 : 67) — il se demande s'il pourra
lui faire accepter son goût et ses sentiments. Mais ici encore, ses
remarques négatives établissent les strates positives de son écriture.

Rien ne révèle mieux l'esprit critique qui préside à la formation de cette œuvre que son idée que « entre toutes les différentes
expressions qui peuvent rendre une seule de nos pensées, il n'y
en a qu'une qui soit la bonne » (17 : 71). Cette autorité imperturbable dans le domaine du dicible est d'avance une admission
de bornes — qui sera contestée par une bonne partie de l'écriture
du XIXe siècle par exemple. La perfection scripturale se situe
pour La Bruyère au niveau du sacrifice, c'est-à-dire de ce que
l'auteur pense ne pas devoir dire, de ce qui ne peut et ne doit pas
être communiqué par la littérature. Cette notion que le mot
juste existe met le problème du lexique, inhérent à l'idée qu'il se
fait du style, du côté du mythe : « un bon auteur, et qui écrit
avec soin, éprouve souvent que l'expression qu'il cherchait depuis
longtemps sans la connaître, et qu'il a enfin trouvée, est celle qui
était la plus simple, la plus naturelle, qui semblait devoir se présenter d'abord et sans effort » (17 : 71-72). A ceux qui écrivent
avec soin, il oppose ceux qui écrivent « par humeur » et « sont
sujets à retoucher à leurs ouvrages » (17 : 72). Ainsi l'inspiration
est condamnée, opposée à la raison et la volonté, seules vertus
recommandables pour un écrivain qui doit éviter la tentation
de tout dire.

Par son adhérence à la notion du mot juste, La Bruyère met
en théorie et en pratique l'idée que l'acte d'écrire est une perte
par rapport à la parole et que cette perte se signale par les limites
mêmes qu'elle impose. Puisque « tout est dit », il ne reste plus
qu'à savoir ce qui peut se dire et écrire ; la perte est chargée donc
d'un coefficient positif, implique un choix et non une négation.
L'idée du mot juste accorde au critique la prépondérance sur le
créateur et lui enlève la possibilité de dire ce qui n'a jamais été
dit. Il est éclairant de comparer les prologues de Rabelais et cet
équivalent de prologue que pourrait constituer le chapitre *Des
ouvrages de l'esprit*. Rabelais enveloppe sa pensée d'ambiguïté,
d'obscurité, d'obscénité ; il la charge d'une quantité de métapho-

res tournoyantes qui préparent le lecteur à une lecture extravagante et plurielle; La Bruyère, au contraire, propose une œuvre qui interdit une interprétation double. En effet, peu d'écrivains ont si nettement réglé l'attitude prévue de leurs lecteurs et dominé si strictement leur mode de lecture.

3. ÉCRIRE EST UN MÉTIER

Quand La Bruyère dit que c'est un métier de faire un livre comme de faire une pendule (3 : 67), il révèle l'essentiel de sa démarche, les fondements de sa poétique. Il vise à l'art d'agencer savamment toutes les parties du livre, du chapitre, du paragraphe, de la phrase, de dominer ses matériaux, de ne perdre de vue à chaque instant l'idée d'aboutir à une œuvre comparable à un objet ferme, solide, définitif, l'œuvre-pendule réglée avec précision. C'est cet idéal ou cette manie qui autorise le jugement de Vauvenargues : « Si j'osais reprocher quelque chose à La Bruyère, ce serait d'avoir trop tourné et travaillé ses ouvrages; un peu plus de simplicité et de négligence aurait donné peut-être plus d'essor à son génie, et marqué davantage les endroits où il s'élève »[8].

Il est significatif que, dans les vers où Boileau parle du côté *faber* de l'écrivain — « Cent fois sur le métier remettez votre ouvrage, /Polissez-le sans cesse et le repolissez »[9] — il laisse au mot « métier » son sens horatien (*limae labor et cura*) alors que La Bruyère lui donne un sens commercial et artisanal. Il ne s'agit pas d'une activité purement littéraire, mais d'un travail d'ouvrier. Non seulement La Bruyère renouvelle l'expression de ce lieu commun, mais il en modifie essentiellement la portée[10], devançant les remarques de Flaubert pour qui le génie est « une longue patience ». Il affirme sa défiance vis-à-vis de l'inspiration et semble en ce moment de sa pensée nier même la part de génie qui pourrait entrer dans sa propre création littéraire. Il est inévitable qu'une certaine part d'ironie entre dans cette assertion, qui doit être mise dans la catégorie des remarques partiellement dénigrantes de l'œuvre que l'auteur est en train d'entreprendre.

---

8. Vauvenargues, *Oeuvres*, éd. Pierre Varillon, Paris : Cité du Livre, 1929, vol. I, p. 146.
9. Ce deuxième vers, gauche et si peu harmonieux, aurait supporté d'être poli et repoli !
10. D'après Odette de Mourgues, *Two French Moralists*, p. 137.

Il est curieux que cette allusion à la pendule comme métaphore de l'œuvre provienne d'un prosateur; elle serait plus naturelle sous la plume d'un auteur de dizains, de sonnets, la prose (*prorsa oratio*) s'accordant d'avance des espaces plus étendus, plus souples et moins assimilables à une formule. La pendule s'impose comme métaphore essentielle de l'écriture précise, visant à un livre fermé sur lui-même, ayant une réalité d'objet comme la balance, image parente, qui est au fond des préoccupations scripturales de Montaigne[11]. L'horloge mesure le temps du caractère et de la maxime, comme elle agit, selon Valéry, en poésie par la rime[12]. Même si La Bruyère écrit en prose, il imagine aux divers fragments qu'il écrit la forme mesurée des poèmes. L'horloge est présente à l'horizon des maximes, des portraits définis d'avance par la pointe qu'il prévoit (comme dans « l'homme riche » et « l'homme pauvre »), par le dénouement qu'il a conçu sans doute dès le commencement. Cette image est une admission des privilèges de l'écriture dans et par ses limites. L'art de faire un livre supprime ce qui pourrait l'augmenter, l'élever au-dessus de sa réalité de facture.

Quand La Bruyère prétend qu'« il faut plus que de l'esprit pour être auteur » (3 : 67), il nie la seule efficacité d'un don naturel qui se permet la fantaisie, et pourrait être synonyme d'inspiration — parenté confirmée d'ailleurs par l'étymologie. Nous avons dans la forme concise de cette maxime l'inscription de toute une esthétique fondée sur le travail plus que sur l'abandon aux forces du hasard. Cette remarque est fondamentale quant aux intentions simplificatrices, purificatrices, en somme négatives de La Bruyère, car l'idée du livre en est diminuée. Nous retrouvons la même attitude dans cette observation où il condamne tout ce qui prépare, entoure, commente le livre et qui n'est qu'un accessoire du livre : « Si l'on ôte de beaucoup d'ouvrages de morale l'avertissement au lecteur, l'épître dédicatoire, la préface, la table, les approbations, il reste à peine assez de pages pour mériter le nom de livre » (6 : 68). En cela il est semblable à Montaigne qui blâme les « préfaces, définitions, partitions,

---

11. Voir mon étude : *La Balance de Montaigne : exagium/essai*, Paris : Nizet, 1982.
12. « La Rime — constitue une loi indépendante du sujet et est comparable à une horloge extérieure » (« Littérature », *Tel Quel*, I, Paris : Gallimard, 1941, p. 151).

étymologies »[13] et n'approuve que la substance du texte. Mais, à la différence de Montaigne, La Bruyère, supprimant ce qu'il considère comme superflu, dévoile la nudité d'un texte arrêté. Voyons ici un autre exemple de ce regard critique qui « déshabille » un livre.

4. LA PERFECTION LITTÉRAIRE

L'idée de perfection semble, chez La Bruyère, précéder l'épreuve, l'essai qu'il en fait par son écriture. Même si elle a pu se former dans son esprit au cours d'une longue expérience de méditation sur le fait littéraire, de comparaisons qui se forment au fur et à mesure que l'on pénètre dans des œuvres diverses, elle a dû apparaître à La Bruyère comme une abstraction, un idéal adopté, indépendant d'exemples particuliers, se dresser à ses yeux comme une entité, une vérité indiscutable, dont on ne vérifie ni les origines ni les degrés de formation, sorte d'image sortie du vide, pure, lumineuse, émergeant du doute de sa seule autorité. La Bruyère a dû la ranger au niveau d'un accomplissement, d'un résultat.

Opposons à ce sujet Montaigne et La Bruyère : Montaigne ne visait pas à la perfection, car il en doutait et en ignorait la nature. La perfection était celle à laquelle il pouvait penser d'une manière obscure dans les moments où il élaborait son œuvre et qui était déterminée par les exigences de son entreprise particulière. Il semble l'invoquer aussi constamment pour amorcer un dialogue entre des contraires : celle qu'il imagine dans la « fabuleuse sagesse »[14] de l'*Institution des enfans,* dans la beauté des hommes qui réside dans la grandeur dont il parle dans *De la praesumption* ; elle est issue d'un désir d'opposition et dans un élan qui tient du poétique[15]. Étant donné qu'il est poussé naturellement, devant la plupart des sujets qui le concernent, au dénigrement, à la négation et que c'est devenu une de ses manies, il ne pouvait pas parler sciemment de perfection. Il croit à un « faire », à l'évolution d'un sujet dans ses maintes possibilités de

---

13. Montaigne, II, x, p. 393.
14. L'expression est de Sainte-Beuve.
15. Voir mon *Style de Montaigne* (Paris : Nizet, 1958, pp. 210-23) pour une analyse de ce phénomène.

formation ou de déformation; il voit les choses dans leur devenir et non pas dans leur fin. Le « parfaire » n'est pas du domaine de ses démarches d'essayiste puisque sa tendance au pluralisme l'empêche de viser à l'unique.

La Bruyère parle de perfection tout en négligeant ce qui pourrait lui enlever de sa pureté. Quand il dit : « Il y a de certaines choses dont la médiocrité est insupportable, la poésie, la musique, la peinture, le discours public » (7 : 68), il voit, au-delà de cette médiocrité, la perfection qu'il a imaginée comme en un laboratoire et dont l'idée seule lui suffit, isolée, privilégiée. Il est curieux de voir que c'est dans les genres qu'il n'a pas pratiqués qu'il relève des imperfections intolérables, les isolant ainsi de sa préoccupation essentielle, qui est sa propre écriture.

En tant qu'essayiste — les *Caractères* sont vraiment des *Essais,* ou plutôt les résultats d'essais, de pesées, alors que ceux de Montaigne sont l'exposition des démarches qui accompagnent la recherche de solutions — La Bruyère est pris à son propre jeu; il se condamne lui-même en exposant dans son texte des manques susceptibles d'être objets de critique à leur tour. Une quantité de pensées, de maximes, de caractères sont des accusations de sa propre forme. A qui accorder la supériorité, au sujet médiocre de la maxime ou à l'auteur médiocre de la maxime ?

Quand La Bruyère écrit qu'« il y a peu d'hommes dont l'esprit soit accompagné d'un goût sûr et d'une critique judicieuse » (11 : 69), il donne un autre exemple d'une écriture limitant à l'excès les sujets dont elle s'occupe, indiquant par là ses bornes. A force de juger, il en arrive à une forme dépouillée, qui empêche l'évolution de sens subtils et divers. « Amas d'épithètes, mauvaises louanges : ce sont les faits qui louent, et la manière de les raconter » (13 : 70), mais manque d'épithètes, sans doute également mauvaises louanges et surtout mauvaise manière de raconter. D'autre part, l'épithète étant le plus grand moteur de « caractères » (après le verbe), La Bruyère, dont la remarque générale est condamnatrice, s'ignore lui-même. En effet, supprimer les épithètes de ses caractères, c'est les réduire à une ossature qui signifierait une déficience de style ou de « manière ».

« Il y a dans l'art un point de perfection, comme de bonté ou
de maturité dans la nature » (10 : 69). Mais qui définira, qui
aurait défini pour La Bruyère, ce point de perfection ? La Bruyère demande qu'on y croie comme à une religion où la foi
consiste à croire l'incroyable. Dans ce domaine, il prend pour
des certitudes ce qui devrait être — comme il l'aurait été chez
Montaigne — discuté, débattu, examiné. Ici le pluralisme de
Montaigne se voit réduit à l'unique, l'indiscutable. On ne peut
croire qu'une chose, ce que La Bruyère, dans l'instant de ses
Caractères, pense croire, ou doit croire : « Celui qui le sent et
qui l'aime (ce « point de perfection ») a le goût parfait; celui
qui ne le sent pas, et qui aime en deçà ou au-delà, a le goût
défectueux. Il y a donc un bon et un mauvais goût, et l'on dispute
des goûts avec fondement » (10 : 69). Voilà des vérités admises
une fois pour toutes. La certitude qui lui faisait parler de point
de perfection est ce qui dicte les conséquences inévitables dans
cette prise de position. Tout le raisonnement est un tissu de
leurres. La Bruyère propose-t-il comme bon goût le sien ? ou
celui qu'il pense avoir discerné chez ceux qui l'entourent et dont
il respecterait le jugement ? Ses maximes ne nous donnent pas
l'occasion de juger ses jugements mêmes, car il discourt avec une
autorité imperturbable. La Bruyère ne se soucie pas de penser,
qu'à la moindre chiquenaude d'un adversaire, sa belle construction s'effondrerait. *De gustibus non est disputandum* prend un
sens particulier chez lui; il faudrait, dans son cas, ramener la
formule au singulier : *De gusto meo non est disputandum*, ou,
plus vaguement, *De gusto non est disputandum.*

La Bruyère ne cherche pas à trouver des origines ou des
explications pour ses assertions. Ce goût dont il parle, il en
donne des preuves et des exemples dans les *Caractères*, en le sachant à l'œuvre dans la moindre parcelle de son écriture. Dans
ses meilleurs moments — c'est aux portraits que l'on pense —
il est arrivé à un tel degré dans sa perfection qu'il y a une absolue
adéquation du sujet et du style : le sujet n'existe que par l'écha-
faudage verbal, si apparent qu'il semble annihiler la prédominance
du sujet tout en l'exaltant. Les *Caractères* auraient pu être engen-
drés par le désir de répondre à l'auteur des *Essais* qu'il avait tant
pratiqué, par une prose qui, dans ses intentions, serait différente
de la sienne, où un certain éclairage dissiperait les obscurités —
de celles que Montaigne maintient dans son texte pour être

fidèle au mouvement ondoyant de sa pensée[16]. Le style chez
La Bruyère est si exigeant qu'il devient le sujet principal de son
écriture. Il savait que c'était par sa prose qu'il se manifestait de
la façon la plus absolue, prose qui est définie admirablement par
ce passage de Flaubert, dans lequel il nous dit que les gens qu'il
lit habituellement, ses « livres de chevet », sont Montaigne,
Rabelais, Régnier, La Bruyère et Lesage : « J'aime par-dessus
tout la phrase nerveuse, substantielle, claire, au muscle saillant,
à la peau bistrée : j'aime les phrases mâles et non les phrases
femelles »[17]. La prose de La Bruyère s'impose, malgré sa souplesse, comme un exemple de style acéré, dense et toujours de
la plus grande luminosité. Si La Bruyère avait favorisé dans sa
pensée le doute, il n'aurait pas obtenu cette insurpassable netteté
de style. Ici, il devait savoir qu'il avait atteint cette « perfection »
qui était à son horizon comme une vérité absolue.

5. L'AUTEUR ET LES AUTRES

La Bruyère donne plus d'épaisseur à son œuvre en se plaçant
au point de vue de ses lecteurs; cela contribue à une critique
indirecte qui corrobore celle qu'il fait en son propre nom — procédé en quelque sorte comparable à celui de Sainte-Beuve qui,
pour déguiser un jugement défavorable, le faisait passer parfois
comme étant d'un autre. Ainsi l'écrivain est placé dans un contexte social de discussion et de dialogue. L'écriture de La Bruyère
est en grande partie déterminée par la conscience qu'il a du
public auquel il doit plaire. Sa prose finit par acquérir ces qualités
essentielles à la communication : vivacité, dynamisme, clarté.
Ce public fictif détermine ainsi sa phrase solidement et justement
articulée, sa pensée simplifiée et facilement saisissable, ses remarques antithétiques frappantes[18].

« L'on devrait aimer à lire ses ouvrages à ceux qui en savent
assez pour les corriger et les estimer » (16 : 71). Ainsi, au moment
où La Bruyère produit son texte, il le considère dans un système

---

16. L'œuvre de La Bruyère ne nous éclaire pas sur l'intérieur de
l'âme, mais sur des aspects extérieurs qui la trahissent plus ou moins.
17. Flaubert, *Correspondance*, vol. I, p. 153.
18. La manière dont on lit de telles phrases est réglée par la manière
dont elles sont écrites, par une certaine « rhétorique ». Voir Michel Charles, *Rhétorique de la lecture*, Paris : Seuil, 1977, p. 9 surtout.

de rayonnement et d'interférences. Il prévient souvent la critique par ses propres remarques, augmentant par ce procédé son texte qui devient objet de critique ou d'éloge de la part des autres. Tout en donnant l'impression qu'il offre son œuvre au public comme quelque chose de définitif, de mûrement pesé, il se dit susceptible d'être analysé, discuté, développé peut-être par les interprètes — à moins qu'il ne pense que ces interprètes capables de corriger et estimer son œuvre sont inexistants et seraient peu dignes de l'analyser ou de l'améliorer.

La Bruyère augmente encore le rayonnement de son propre texte en imaginant d'abord un public qui lui serait hostile : « ... je crois pouvoir protester contre tout chagrin, toute plainte, toute maligne interprétation, toute fausse application et toute censure, contre les froids plaisants et les lecteurs mal intentionnés » (pp. 62-63) et ensuite il choisit parmi ses lecteurs possibles ceux qui pourront le lire avec intelligence et naturel, non pas des savants, des érudits, mais des gens de bonne foi, pas trop encombrés de connaissances et de préjugés, des honnêtes gens, dont les qualités seraient conformes à celles qu'il défend dans ses *Caractères*, norme par rapport aux extravagances qui l'entouraient.

Un pédant, un érudit — c'est ce qu'il craignait d'être — aurait pu s'attendre chez La Bruyère à des références aux Anciens, à des citations grecques et latines, mais sa pureté d'intentions dans l'agencement de son œuvre autonome l'en a détourné ; peut-être voulait-il par là s'opposer aux *Essais* de Montaigne, étayés souvent par de nombreuses citations. L'idéal d'une certaine perfection stylistique a dû le détourner de ces emprunts qui auraient été un masque à sa propre écriture. Son intégrité l'oblige à une manière qui soit originale, même s'il avait prétendu — nous avons vu avec quelle complexe ironie — que tout était dit. Il vise à un public qui ne soit pas contaminé par trop de lectures et capable de juger selon son esprit et son naturel, quand il s'adresse aux femmes, aux gens de la cour et à « tous ceux qui n'ont que beaucoup d'esprit sans érudition », donc « indifférents pour toutes les choses qui les ont précédés » et « avides de celles qui se passent à leurs yeux et qui sont comme sous leur main » (*Discours sur Théophraste*, pp. 3-4). Il limite par là les possibilités d'un vaste public, qui d'ailleurs n'a pas l'occasion d'exprimer un choix, doit se soumettre aux interprétations imposées par l'auteur. La Bruyère s'autorise des privilèges de la raison que défend le « classicisme » ; il serait, d'après l'expression de Thibaudet, un « certitudinien », soucieux d'imposer sa volonté de critique. La Bruyère joue ici au grand seigneur de l'écriture, compensation peut-être pour le rôle qu'il ne jouait guère dans la société. C'est aussi mettre à un niveau très élevé les droits absolus de l'écrivain : celui qui *fait* est celui qui *sait*, quelles que soient l'origine et la justification de cette science. Son goût signifie arrêt de jugement chez les autres ; il s'oppose à ce qui pourrait être un emportement. Il trouve chez les hommes « beaucoup plus de vivacité que de goût » (11 : 69), vivacité proche de l'inspiration qui est une aventure osée et que le bon goût doit tempérer.

6. LA BRUYERE LECTEUR

Dans sa critique, La Bruyère témoigne de l'intérêt et du plaisir personnels qu'il prend à lire ses auteurs, et en cela il est le continuateur de Montaigne et le précurseur de Sainte-Beuve. Il s'interroge quant à la facture des œuvres qu'il examine, leurs ingrédients, leur perfection — toujours selon lui — plus ou moins accusée. De la présentation de ses auteurs, se dégage surtout un portrait de lui-même, avouant ses goûts, ses préférences et donnant, par son analyse, la mesure de son jugement, en général dogmatique et précis. Le vrai « caractère » des *Caractères,* c'est La Bruyère lui-même, à l'affût de toute perfection, se « limant » se « frottant » aux autres (pour reprendre les expressions de Montaigne) ; cependant, à la différence de Montaigne, non pas « à tâtons », mais d'une manière péremptoire : jugement affirmé, assuré, n'adhérant pas aux œuvres intégralement et pour ce qu'elles sont en elles-mêmes.

L'auteur dont La Bruyère parle vraiment dans *Des ouvrages de l'esprit,* c'est lui-même, qu'il examine par rapport aux autres. Puisqu'il pense que les Anciens ont tout dit, c'est bien sur la forme qu'il doit se rattraper et par elle qu'il doit se distinguer. Non seulement, La Bruyère souhaitant l'œuvre parfaite, condamne et détruit toutes les œuvres qui ne le sont pas, réduisant le corpus littéraire — en tout cas contemporain — à peu de chose, mais le critique est si fort en lui qu'il anéantit même les excellents ouvrages. C'est souvent par goût de l'ellipse, de la pointe, de la formule cinglante qu'il sape les œuvres dont il parle : « Le plaisir de la critique nous ôte celui d'être vivement touchés de très belles choses » (20 : 72).

Au-delà de cette attitude égoïste — La Bruyère lisant pour lui-même et l'exercice de son jugement — il y a celui qui prétend vouloir se mettre à la place de son lecteur, ce qui ajoute une nouvelle dimension à sa critique. Il semble que cette idée soit assez nouvelle et annonce une tendance contemporaine vis-à-vis de ce phénomène. En effet, Rabelais conscient de son public, le domine de ses invectives et conseils, sans se mettre à sa place ; ce procédé dramatique se voit surtout dans les prologues où l'auteur choisit ses lecteurs sans s'identifier avec eux. Montaigne est devenu de plus en plus lecteur de sa propre œuvre qui, à ses yeux, a remplacé bientôt les œuvres des autres. Il est aussi très sensible au public auquel il s'adresse (voir *Au lecteur*), mais il ne s'est jamais assimilé à lui. La Bruyère ajoute une nouvelle signification à cette notion ; il joue le rôle, en plein La Bruyère, du lecteur de La Bruyère, non seulement ce lecteur critique de soi-même qu'est tout auteur, mais créant un personnage fictif, un autre « caractère », le lecteur de La Bruyère :

> Tout écrivain, pour écrire nettement, doit se mettre à la place de ses lecteurs, examiner son propre ouvrage comme quelque chose qui lui est nouveau, qu'il lit pour la première fois, où il n'a nulle part, et que l'auteur aurait soumis à sa critique ; et se persuader ensuite qu'on n'est pas entendu seulement à cause que l'on s'entend soi-même, mais parce qu'on est en effet intelligible (56 : 91).

Vouloir être « intelligible », c'est admettre un absolu dans le domaine critique, qui aboutit à des solutions indiscutables et anéantit les complexités et obscurités inhérentes à l'analyse du moi telle que Montaigne, par exemple, l'avait conçue ; c'est un moyen de supprimer les doutes qui interviennent dans la considération du moi et c'est finalement le nier. Les *Caractères* sont ainsi fondés sur un renoncement, de la part de La Bruyère, à ce moi que le siècle trouvait « haïssable » et sur l'intention de reproduire un monde fictif où de minimes parcelles de l'être La Bruyère se répandraient.

7. DU GÉNIE

La Bruyère, qui se pose à chaque instant la question de l'inspiration et du travail, tend à contester la première et à exagérer
la seconde. C'est précisément ce plaisir de diviser le sujet et d'en
rejeter ce qui s'oppose à son idée de clarté ou du mot juste,
qui agit dans les « caractères » où les écrivains sont comparés
entre eux et où leurs œuvres sont vues dans une optique simplificatrice afin de devenir des modèles d'écriture mesurée et également de bons moyens de comparaison. D'une part, il reconnaît
l'originalité de « leurs expressions et de leurs images » (14 : 70);
d'autre part, il prétend que « tout esprit d'un auteur consiste à
bien définir et à bien peindre » (14 : 70), c'est-à-dire exprimer
le vrai. Des écrivains aussi divers que Homère, Platon, Virgile,
Horace sont, au nom du travail, ramenés à un commun dénominateur.

La Bruyère situe très justement les esprits divers, ceux qui
se meuvent dans des limites raisonnables et ceux qui s'en écartent, toujours selon ses intentions lucides de définir ses normes
de jugement. Bien qu'il soit amateur de mesure, il peut, quand
il pèse les œuvres littéraires, aller au-delà de ses propres conceptions, imaginer ceux « dont l'esprit est aussi vaste que l'art et la
science qu'ils professent » (61 : 92), louer leurs inventions sublimes et leur trouver des qualités quand ils s'écartent des règles et
tirent des avantages de l'irrégularité (61 : 93). Cependant, même
quand il leur reconnaît des dons exceptionnels, il en fait l'analyse
avec modération, comme s'il craignait de louer trop ce qui n'est
pas .conforme à la raison, de se laisser entraîner par l'admission
de facultés surhumaines.

Cet amateur de contrastes — ceux qui lui donnent ses plus
grandes réussites de style — se manifeste dans l'analyse où il parle
du « génie » avec les qualités précisément qui appartiennent aux
« esprits justes, doux, modérés » (61 : 93)[19]. Dans cette joute
entre génies et critiques, La Bruyère se place dans la deuxième
catégorie, avec cependant un sens de supériorité quant au critique
moyen en ce qu'il comprend à la fois et avec la même acuité les

---

19. Le mot « génie » n'avait pas au XVIIe siècle le sens très fort qu'il
a aujourd'hui; il signifiait dispositions naturelles, talent inné, esprit,

esprits supérieurs et les esprits modérés. Par là son œuvre est une illustration du point de vue qu'il exprime ; un commentaire est compris dans son attitude vis-à-vis de ces esprits divers. C'est par la voie de la haine qu'il professe pour les esprits « inférieurs et subalternes, qui ne semblent faits que pour être le recueil, le registre, ou le magasin de toutes les productions des autres génies » (62 : 93) qu'il en vient à admirer les vrais créateurs.

Il s'attribue pourtant une part de ce qui s'apparente au génie quand il fait le procès des critiques sans invention, qui vivent aux dépens de leurs auteurs : « ils sont plagiaires, traducteurs, compilateurs ; ils ne pensent point, ils disent ce que les auteurs ont pensé » (62 : 93), de ceux qui « n'ont rien d'original et qui soit à eux » (62 : 93). Nous trouvons ici une des constantes de La Bruyère — le fait de procéder par comparaisons est le propre de l'esprit critique qui divise, rassemble, et désassemble, trouve dans le dialogue un ferment, alors que le pédantisme est « une science aride, dénuée d'agrément et d'utilité, qui ne tombe point dans la conversation, qui est hors de commerce, semblable à une monnaie qui n'a point de cours » (62 : 93). En faisant l'éloge du discernement, qualité maîtresse du critique, il relève une qualité naturelle semblable à ce qu'il y a d'inné dans le génie. Ainsi il s'élève au-dessus du niveau d'une critique moyenne qui « souvent n'est pas une science ; c'est un métier, où il faut plus de santé que d'esprit, plus de travail que de capacité, plus d'habitude que de génie » (63 : 93-94). La leçon des grandes œuvres cependant le guide dans sa propre critique : les « irrégularités » qu'il loue chez les génies, il ne les accepte pas en lui ; la clarté qu'il admire chez les autres et qu'il leur conseille est ce qui dirige sa propre démarche.

Le genre « caractère » provoque une critique qui évite les nuances et vise à des formules saisissantes ; le fragment doit porter toute la dynamique d'un jugement proféré d'une manière cinglante, ce que lui donne l'aspect du définitif. Ici encore, prédomine le goût de l'ordre ; il s'agit de classifier les auteurs et de les comparer. La critique de Montaigne dans les *Essais* se prête à plus de développement et encourage les nuances ; chez La Bruyère, c'est la volonté de précision qui prédomine. Ne pourrait-on pas voir dans les portraits qu'il fait des écrivains — la plupart du temps groupés par paires — des « caractères » ? Il procède à une simplification si extrême que ses auteurs en ressortent comme des êtres particuliers, proches des personnages maniaques qu'il dessine fréquemment. Sa critique tend souvent à corriger les auteurs, car aucun ne lui plaît isolément et absolument. De là, les reconstitutions d'écrivains parfaits qui seraient composés des qualités de deux écrivains mis ensemble qui se complètent l'un l'autre : «il n'a *manqué* à TÉRENCE que d'être moins froid... il n'a *manqué* à MOLIERE que d'éviter le jargon et le barbarisme, et d'écrire purement... Mais quel homme on aurait pu faire de ces *deux* comiques ! » (38 : 80)[20].

Il y a en La Bruyère un pédagogue soucieux de mettre de l'ordre et de la correction chez les écrivains qu'il examine, Rabelais et Marot, par exemple : «MAROT et RABELAIS sont *inexcusables* d'avoir semé l'ordure dans leurs écrits... Rabelais surtout est *incompréhensible*» (43 : 82). Dans son œuvre, il fait un choix, il souhaite un ordre qui aurait été contraire aux intentions de Rabelais, chez qui le désordre est admis et même encouragé par une esthétique fondée, dans un dessein comique, sur le difforme et l'irrégulier. Au lieu d'accepter l'œuvre entière comme une manifestation du génie dans ses possibilités infinies qui s'étendent du grotesque au sublime, il l'accepte ou la rejette selon son « goût » : « Où il est mauvais, il passe bien loin au delà du pire, c'est le charme de la canaille ; où il est bon, il va jusques à l'exquis et l'excellent, il peut être le mets des plus délicats » (43 : 82).

La Bruyère condamne le grotesque — qui sera réhabilité au XIXe siècle par Hugo — comme la contrepartie inévitable et nécessaire du sublime. Le livre de Rabelais semble avoir à ses yeux « le visage d'une belle femme avec des pieds et une queue de serpent, ou de quelque autre bête plus difforme » (43 : 82), métaphore d'une écriture disparate où la pureté est sans cesse menacée par les données de l'extravagance. N'est-il pas vrai cependant que La Bruyère donne par son œuvre un exemple en quelque sorte de ce mélange qu'il condamne ? D'une part, il produit des maximes qui sont des exemples d'une écriture mise

---

20. La Bruyère est l'inventeur du mythe d'un certain XVIIe siècle, comme le sera plus tard Sainte-Beuve. Voir à cé sujet l'ouvrage de Raphaël Molho, *L'Ordre et les Ténèbres ou la Naissance d'un mythe du XVIIe siècle chez Sainte-Beuve*, Paris : Armand Colin, 1972.

au service d'idées claires et parfaitement mesurées; d'autre part, des « caractères » exceptionnels qui appartiennent par bien des traits au ridicule et au grotesque (les amateurs d'oiseaux, de tulipes, etc.). De plus, c'est dans le traitement des caractères invraisemblables qu'il a le mieux réussi, les maximes qui se succèdent étant, autant qu'une affirmation, l'admission d'un compromis dans l'écriture. Si lumineuse soit-elle, la maxime donne l'idée d'une écriture possible, mais qui doute de son élan, et les caractères sont devenus des moments privilégiés, des « réussites » précisément par leurs détails curieux, leurs particularités, souvent leur flagrante invraisemblance.

La Bruyère, entraîné par son sens critique et aussi pour assurer son autonomie d'auteur de « caractères », qui doit viser juste et frapper fort, en arrive souvent à des simplifications de jugement qui ne font qu'accuser sa propre aridité. Tout en donnant tort à ceux dont le jugement est essentiellement subjectif — « Il n'y a point d'ouvrage si accompli qui ne fondît tout entier au milieu de la critique, si son auteur voulait en croire tous les censeurs qui ôtent chacun l'endroit qui leur plaît le moins » (26 : 75) — La Bruyère aurait bien pu se mettre parmi ces « censeurs » qu'il blâme. Il lui manque en effet un morceau de ce miroir qu'il braque sur les autres et dans lesquel il pourrait se voir lui-même. Sa façon de traiter Ronsard et Balzac en est un exemple — il ne les juge pas en eux-mêmes, mais par rapport à d'autres écrivains. Plutôt que de proposer un jugement personnel, fondé sur une étude attentive des textes, il supprime les nuances et procède par des remarques elliptiques destinées à frapper plus qu'à instruire, ôtant à Ronsard et à Balzac les privilèges du génie pour ne voir en eux que des précurseurs :

> RONSARD et BALZAC ont eu, chacun dans leur genre, assez de bon et de mauvais pour former après eux de très grands hommes en vers et en prose (40:81).

Ses remarques sur Marot et Ronsard, tous deux examinés sur le plan linguistique et stylistique, témoignent d'un esprit partial et limité :

> MAROT, par son tour et par son style, semble avoir écrit depuis RONSARD : il n'y a guère, entre ce premier et nous, que la différence de quelques mots (41 : 81).

Il imagine un plus grand poète que les deux, qui incorporerait leurs qualités et éviterait leurs défauts :

> RONSARD et les auteurs ses contemporains ont plus nui au style qu'ils ne lui ont servi : ils l'ont retardé dans le chemin de la perfection ; ils l'ont exposé à la manquer pour toujours et à n'y plus revenir. Il est étonnant que les ouvrages de Marot, si naturels et si faciles, n'aient su faire de Ronsard, d'ailleurs plein de verve et d'enthousiasme, un plus grand poète que Ronsard et que Marot ... (42 : 81).

Mais ces jugements elliptiques nous éclairent sur le fonctionnement des *Caractères* où La Bruyère simplifie sa pensée pour le plaisir d'une maxime rapide ou d'une pointe qui pourrait lui faire honneur, de remarques cinglantes et succinctes, de jugements péremptoires qui pourraient le mettre dans une situation privilégiée par rapport à ceux dont il parle. D'une part, c'est lui qui est privé d'invention dans sa critique vis-à-vis de Ronsard et, d'autre part, il s'empare de l'exemple de Ronsard pour assurer et démontrer son propre goût de la perfection.

Les fautes que La Bruyère relève chez les auteurs ne proviennent pas tant d'une intention détachée de critique que d'un désir de refaire, d'améliorer, de compléter les œuvres qu'il discute. Quand il souligne les manques, c'est l'écrivain en lui qui les regrette ; il se préoccupe non pas tant de juger les défauts que de les redresser ; il intervient donc *activement* dans l'analyse. Ce correcteur est un créateur ; il remplit les vides, il suggère des changements, il impose son idée de perfection. Quand il compare les lettres écrites par des hommes à celles des femmes, il agit encore en correcteur, trouve que les épîtres de Balzac et de Voiture sont pleines d'esprit, de tour, d'agrément, de style, mais « vides de sentiments » (37 : 79), que leurs trouvailles proviennent « d'une pénible recherche » (37 : 79), alors que, chez les femmes, il trouve « un enchaînement de discours inimitable, qui se suit naturellement, et qui n'est lié que par le sens » (37 : 80). Ainsi La Bruyère oppose deux catégories d'auteurs : ceux qui écrivent correctement, mais difficilement et sans sentiment, et ceux (les femmes) qui écrivent « incorrectement », mais avec charme et naturel. Ici encore La Bruyère imagine la fusion de deux écritures en une seule. L'invention est présente dans ses comparaisons; nous y trouvons la participation de l'amateur du texte idéal.

Corneille et Racine sont présentés comme deux « caractères » opposés, qui auraient chacun sa manie : « Corneille nous assujettit à ses caractères et à ses idées, Racine se conforme aux nôtres; celui-là peint les hommes comme ils devraient être, celui-ci les peint tels qu'ils sont » (54 : 88). Pour donner à sa phrase plus de relief (celui-ci dû à la comparaison), il force les traits de côté et d'autre. Même si les portraits-caractères sont trop statiques et dépouillés pour constituer des scènes de théâtre (impossibles sans une idée de durée créée par le dramaturge grâce à la présentation lente et progressive du personnage et par le milieu dans lequel il se meut), ils témoignent indéniablement, chez La Bruyère, d'un désir de dramatiser, esquissent des scènes qui, rassemblées, seraient proches de la « comédie aux cent actes divers » dont parle La Fontaine, c'est-à-dire fragments dans lesquels une tension théâtrale s'exerce dans un milieu restreint. Ce qui appartient au dramaturge, c'est l'hyperbole croissante dans la comparaison et qui aboutit à une pointe.

Même si, chez Corneille et Racine, La Bruyère trouve ce dramatique parfait que, par son écriture fragmentée, il ne pouvait pas lui-même obtenir, à l'ombre de l'éloge de Corneille, il dissimule une critique indirecte :

> CORNEILLE ne peut être égalé dans les *endroits où il excelle* : il a *pour lors* un caractère original et inimitable... Ses premières comédies sont sèches, languissantes, et ne laissaient pas *espérer qu'il dût ensuite aller si loin*... Ce qu'il y a eu en lui de plus éminent, c'est l'esprit, qu'il avait sublime, auquel il a été redevable... de la conduite de son théâtre, qu'il a *quelquefois hasardée* contre les règles des anciens, et enfin de ses dénouements; car il ne s'est *pas toujours assujetti au goût des Grecs et à leur grande simplicité* : il a aimé au contraire à *charger* la scène d'événements dont il est *presque toujours* sorti avec succès ... (54 : 87).

L'esprit sublime qu'il reconnaissait à Corneille (et quand il en parle, il nous introduit, en pleine critique analytique, dans les hautes sphères de l'imagination où cessent les définitions) est, semble-t-il, diminué par rapport à Racine, qu'il trouve « égal, soutenu, toujours le même partout » (54 : 88). Dans la deuxième comparaison, à la fin, ils sont cependant mis à un niveau d'égalité, mais vus dans leurs différences essentielles, entraînés tous les deux par le mouvement et l'harmonie de la période. Les nuances doivent alors disparaître dans ce jeu habile des contrastes :

> Il y a plus dans le premier de ce que l'on admire, et de ce que l'on doit même imiter ; il y a plus dans le second de ce que l'on éprouve dans soi-même. L'un élève, étonne, maîtrise, instruit ; l'autre plaît, remue, touche, pénètre. Ce qu'il y a de plus beau, de plus noble et de plus impérieux dans la raison, est manié par le premier ; et par l'autre, ce qu'il y a de plus flatteur et de plus délicat dans la passion. Ce sont dans celui-là des maximes, des règles, des préceptes ; et dans celui-ci, du goût et des sentiments (54 : 88-89).

A Corneille, il souhaite d'être complété par les qualités de Racine et *vice versa* ; l'idéal serait pour lui la fusion des deux dramaturges. Nous aurions ainsi un seul écrivain sublime, qui aurait toutes les perfections et porterait en lui les marques de l'universel. Ainsi sous l'apparence d'une division, d'une distinction qui appartiennent au processus critique, La Bruyère propose l'union de caractères divers et par là une idée du dramatique plus vaste, plus proche de l'œuvre géniale qu'il souhaite. La Bruyère, en tant que critique, est du côté de Corneille qui peint les hommes comme ils devraient être et non pas comme ils sont. Son parallèle Corneille/Racine peut être considéré ainsi, à un niveau d'interprétation scripturale, comme un débat entre deux La Bruyère — curieux décalque du lecteur (critique) sur les œuvres. Le naturel, la passion qu'il voit chez Racine, il voudrait qu'on les évite ; lui-même se place du côté du devoir, ce devoir qu'il croit accomplir en étant dur et intransigeant dans ses jugements.

Les remarques de La Bruyère portent avant tout sur la langue ou le style, sur l'effet que produit telle ou telle écriture sur le lecteur qu'il est ou celui qu'il voudrait influencer ; ce qui l'intéresse, c'est le *caractère* d'une œuvre particulière. Dans son analyse de Corneille et de Racine, ce n'est qu'après avoir examiné la forme de leur œuvre, leur métier, qu'il en arrive à des remarques qui concernent la peinture de l'homme, non pas d'un être particulier, mais des hommes, ceux que Corneille peint « comme ils devraient être » et Racine « comme ils sont ». Vus dans une optique générale et englobante, ils en deviennent abstraits, jugés comme des personnages fictifs, de tragédie, soumis à l'unification qu'exige la mise en écriture, C'est son attitude de critique, amateur d'œuvres, qui pousse La Bruyère à simplifier ses portraits, sans doute aux dépens d'une certaine vérité qui serait dans le respect des nuances, dans la part que l'on pourrait faire à un certain doute. L'auteur est entraîné par son imagination dans ces portraits contrastés, plus que par un souci d'analyse serrée. Ce sont des caractères aussi absolus que ses amateurs de tulipes et d'oiseaux, Corneille s'intéressant uniquement à l'homme tel qu'il devrait être, comme à une sorte particulière d'être humain, et Racine surtout à l'homme tel qu'il est. Dans le critique paraît donc l'auteur spécialisé de « caractères » ; il reste victime de sa manière même au moment où il pourrait s'astreindre à un modèle absolu. La fantaisie, le goût des contrastes accusés, la tendance au clair-obscur déterminent sa présentation ; il met son enthousiasme pas tant dans sa façon de traiter l'un ou l'autre, mais dans le fait qu'ils s'opposent. Ils doivent se distinguer l'un de l'autre et très nettement, être tels qu'ils devraient être pour entrer dans la suite des « caractères ».

Parmi les écrivains que La Bruyère mentionne, ce sont les auteurs dramatiques qui sont les plus proches de la perfection, et c'est la raison pour laquelle une pièce de théâtre (surtout telle qu'elle est conçue selon le code classique par Corneille et Racine) contient les qualités qu'il préconise : clarté, fermeté de trame, unité dans la conception (cette unité qui n'est pas respectée, selon lui, chez Molière). Il trouve aussi par eux l'occasion de s'interroger sur l'art dramatique. Dans *Des ouvrages de l'esprit,* il fait le procès du théâtre joué par rapport au texte écrit. Les vers lus prennent un sens différent des vers dits et proclamés en scène ; l'auteur dramatique crée une illusion à laquelle le public se laisse prendre, car on ne lui donne pas le temps d'analyser ce qu'il entend. La Bruyère pèse ici deux genres : le théâtre joué donnant l'illusion d'être compréhensible et le théâtre lu révélant moins de sens que d'éclat, moins de raison que de folie :

> Certains poètes sont sujets, dans le dramatique, à de longues suites de vers pompeux, qui semblent forts, élevés et remplis de grands sentiments. Le peuple

écoute avidement, les yeux élevés et la bouche ouverte, croit que cela lui plaît, et à mesure qu'il y comprend moins, l'admire davantage; il n'a pas le temps de respirer, il a à peine celui de se récrier et d'applaudir (8 : 69).

La Bruyère, dans ce texte minime, très resserré, affirme son privilège de critique, plus sûr d'avoir raison, dans la solitude de sa pensée, que l'auteur dramatique préoccupé d'un effet à produire dans l'immédiat de la représentation. A la durée de l'action, il substitue l'arrêt de l'action. D'une part, le lecteur solitaire et qui pense par lui-même; d'autre part, l'auditeur faisant partie d'un ensemble social qui écoute et ne raisonne pas. D'une part, inertie du critique; d'autre part, action du dramaturge :

J'ai cru autrefois, et dans ma première jeunesse, que ces endroits étaient clairs et intelligibles pour les auteurs, pour le parterre et l'amphithéâtre, que leurs auteurs s'entendaient eux-mêmes, et qu'avec toute l'attention que je donnais à leur récit, j'avais tort de n'y rien entendre : je suis détrompé (8: 69).

Sur la question du poème tragique, il introduit des limites, opposant celui qui « vous serre le cœur dès son commencement, vous laisse à peine dans tout son progrès la liberté de respirer et le temps de vous remettre... » à une déformation du même poème qui serait « un tissu de *jolis* sentiments, de déclarations *tendres,* d'entretiens *galants,* de portraits *agréables,* de mots *doucereux...* » (51 : 86). Il divise les variétés du genre tragique pour d'autant mieux en faire émerger l'idée de la tragédie parfaite[21]. Il en parle avec une expertise qui aurait pu être encouragée chez lui par le désir d'une écriture dramatique et dont celle des *Caractères* n'est qu'un pis-aller par rapport à celle qu'il imagine et souhaite.

La Bruyère croit à une vérité inébranlable, à une seule expression possible en littérature. Il érige sa pensée autour de ces constantes, fondées sur sa foi en le sublime, d'ailleurs indéfinissable. Le sublime semble représenter pour lui un idéal de per-

---

21. On trouve un procédé semblable dans ses remarques sur la comédie et le roman (53 : 87).

fection supérieur à toutes les figures de rhétorique — synonymie, antithèse, métaphore, comparaison, hyperbole[22] — les dépassant ou les comprenant toutes et dont ne sont capables que les « génies », souhait de l'écrivain idéal et dont il est incapable lui-même. En effet, il condamne les figures qu'il emploie constamment, dont il use malgré son idée du mot juste. Ainsi il pourrait être pris pour un de ces « esprits médiocres » qui ont recours aux synonymes, de ces « jeunes gens » qui se servent de l'antithèse, de ces « esprits justes » qui donnent dans la comparaison et la métaphore, de ces « esprits vifs » qui ne peuvent s'assouvir que par l'hyperbole. Dans son optique, ce sont là des défauts dont il est conscient; il ne se sent guère sublime par rapport à ses auteurs.

Cependant la réponse que La Bruyère offre à la question « Qu'est-ce que le sublime ? » tient du mythe : dieu qui ne se comprend pas, idéal lointain toujours pressenti et jamais parfaitement atteint. Il est un absolu sur un absolu : « Le sublime ne peint que la vérité, mais en un sujet noble; il la peint tout entière, dans sa cause et dans son effet; il est l'expression ou l'image la plus digne de cette vérité » (55 : 90). Nous avons encore ici un exemple de cette épuration de tout sujet pour un texte se fondant sur des croyances qui sont autant de religions : *vérité, mot juste, génie, sublime* enfin. La raison n'intervient que dans l'analyse de l'accidentel, du détail : « Un homme né chrétien et Français se trouve contraint dans la satire; les grands sujets lui sont défendus : il les entame quelquefois, et se détourne ensuite sur de petites choses, qu'il relève par la beauté de son génie et de son style » (65 : 94)[23]. La Bruyère introduit nécessairement beaucoup de lui-même dans ces remarques sur l'écriture et la lecture et c'est encore à sa manière habituelle qu'il pense, puisque c'est dans le particulier des « caractères » qu'il excelle. Il s'est rendu compte que, à l'ombre des grands dramaturges et

---

22. « Les synonymes sont plusieurs dictions ou plusieurs phrases différentes qui signifient une même chose. L'antithèse est une opposition de deux vérités qui se donnent le jour l'une à l'autre. La métaphore ou la comparaison emprunte d'une chose étrangère une image sensible et naturelle d'une vérité. L'hyperbole exprime au delà de la vérité pour ramener l'esprit à la mieux connaître » (55 : 90).

23. Même si on peut penser qu'il fait allusion ici à Boileau et à ses *Satires*, il se réfère certainement aussi à lui-même.

moralistes, il devait prendre « de petites choses » comme sujets;
ce serait par son style seul qu'il pourrait les faire valoir.

8.   LA FRAGMENTATION

Le choix de l'œuvre fragmentée s'est présenté à La Bruyère
comme la seule forme susceptible de s'accommoder à ses intentions diverses[24]. C'est l'écriture d'un critique pour qui tout sujet,
au moment où il va se déployer, prévoit nettement son accomplissement et sa fin. La Bruyère se voit à chaque étape de son écriture, d'une maxime à l'autre, d'un « caractère » à l'autre, en
train de s'enfermer dans chaque nouveau fragment plutôt que de
souhaiter ou d'encourager l'envol et le continu. Le fragment se
charge ainsi d'une intense dynamique. C'est volontairement que
La Bruyère l'arrête dans son mouvement, qu'il fixe son regard
sur un instant de l'œuvre. Son sens critique agit plus puissam-
ment que son invention : écriture de solitaire, lente et pondérée,
lestée de silence.

Le choix de la part d'un auteur de l'écriture fragmentaire
est non seulement l'aveu d'une manière, mais d'une nature.
C'est la forme adoptée par tout critique, comme si l'analyse,
l'examen de chaque sujet et partie de sujet nuisaient aux volon-
tés de la création, contenait en soi le ver rongeur de sa destruction. Montaigne, le premier, donne l'exemple d'une littérature
qui ne peut (et ne veut) aller dans la voie d'une progression,
comme le roman, la tragédie, le poème, mais travaille à l'intérieur
de ses limites. Il est à remarquer que c'est la forme de tous les
moralistes et critiques littéraires. La plupart des titres des œuvres
critiques contiennent le sème de « fragment » : les *Lundis* de
Sainte-Beuve, les *Réflexions* de Thibaudet, les *Approximations*
de Du Bos, les *Incidences* et *Prétextes* de Gide, les *Variétés* de
Valéry, *Situations* de Sartre, et tant d'autres. La Bruyère, par
son titre pluriel, s'inscrit dans la lignée des auteurs de fragments :
non point *un* caractère, comme c'est le cas dans une bonne
partie des comédies de Molière — *L'Avare, Le Bourgeois gen-
tilhomme, Le Misanthrope, Le Malade imaginaire* etc., ou dans

---

24. Nous appellerons souvent « caractère » le fragment qui constitue
un paragraphe ou ensemble de paragraphes sur un même sujet ou portrait
d'un personnage. Voir l'article de Serge Doubrovsky sur Barthes : « Une
écriture tragique », *Poétique*, 47 (1981), 329-54.

plusieurs romans de Balzac, comme *Le Père Goriot, La Cousine Bette*, etc. — mais, de *nombreux* caractères dont la somme des divers éléments figurerait une image de l'homme tel que La Bruyère le voyait. La Bruyère n'aurait pas pu poursuivre l'étude d'un seul individu, car il lui manquait le génie et la volonté des dramaturges ou des romanciers. Il prend sa revanche dans la quantité — l'œuvre qui se justifie par un nombre illimité d'essais sur des sujets divers, qui aurait pu s'appeler *Essais sur des Caractères*.

Ce qui préside à cette écriture, c'est un désir de clarté, miroir dans lequel toute ombre est dissipée, où la transparence relaie la profondeur. La Bruyère s'en tient aux surfaces susceptibles d'être explorées plutôt que de pénétrer dans les arcanes de tout sujet. Par contre, certains critiques et moralistes ainsi que Montaigne, La Rochefoucauld, Pascal, ont réussi dans leurs fragments — souvent aux vastes proportions — à sonder abondamment les mystères de la pensée.

La Bruyère était trop conscient de son public pour ne pas voir en quoi les *Caractères* sont une œuvre « sociale » destinée à plaire, à être lue, goûtée, citée. L'adoption de la forme fragmentaire pourrait procéder chez lui de la crainte de lasser et de déplaire. La fragmentation provoque un mode de lecture particulier : c'est demander au lecteur de reprendre son élan après chaque « caractère ». Le lecteur de roman ou de tragédie est envoûté par les charmes, l'intérêt, les surprises d'une lecture continue ; ce qui forme le texte l'invite à une conclusion possible, un dénouement de trame. Devant La Bruyère, il n'existe d'intérêt continu que pour la manière de La Bruyère dont l'œuvre donne des « essais », des répétitions, la constance de certains sujets. Cette discontinuité contribue à une sorte d'aération du texte ; entre chaque fragment il y a l'occasion d'un certain loisir proche du charme, un repos qui vous prépare à continuer le déchiffrement de l'œuvre diverse et sans cesse coupée. Et puis il y a la « reconnaissance » à chaque page de cette prose très particulière par sa vivacité, sa luminosité, son allure indépendante, absorbant toute dynamique en elle.

Cet intérêt pour le lecteur de la part de l'auteur contribue à l'augmentation de l'œuvre. La Bruyère semble être préoccupé de l'éducation du lecteur pour le préparer sans doute à une saine appréciation de sa propre œuvre. Son goût pour la régimentation dans tous les domaines s'y manifeste. Sous l'apparence de la critique des autres se cache une formulation de sa propre écriture; son œuvre ainsi devient un vaste commentaire sur elle-même et son fonctionnement, comme le faisait remarquer Sainte-Beuve quand, parlant des *Ouvrages de l'esprit*, il disait : « Voilà toute la littérature, la théorie critique, la rhétorique et la poétique de La Bruyère. — Il commence par ce qui au fond le préoccupe le plus : La Bruyère est un écrivain »[25].

L'approche « critique » — donc coupée, interrompue, discontinue — introduit dans l'œuvre un mode qui contient le germe de sa propre destruction : 1) par la fragmentation d'abord : à chaque étape de l'écriture, il y a un arrêt, une coupure, ce qui est l'occasion pour l'écrivain d'être juge d'un texte dont il est maître, auquel il refuse l'épanchement; 2) par une tendance à généraliser : indice d'une pensée peu soucieuse d'explorer inlassablement les mystères de l'esprit, domine les possibilités d'interprétation et reste au niveau de l'abstrait; 3) par le contraire de cette généralisation : le goût du particulier, du détail, qui indique une autre forme de fragmentation; 4) par sa méfiance vis-à-vis de l'image, ce qui entraîne un resserrement et un dépouillement de l'expression; 5) par sa tendance à minimiser les sujets, ce qui conduit à la satire; 6) par les dosages dans la critique : *cinq* catégories d'écrivains — les médiocres, les habiles, les irréguliers, les réguliers, les génies — et *quatre* catégories de lecteurs — les sots, les esprits médiocres, les grands esprits, les beaux esprits (35 : 79); 7) par l'esprit critique qui fonctionne dans les jugements définitifs et assurés de La Bruyère, allant à l'encontre de la nuance et de la discussion.

—————————

25. Ceci était écrit dans les marges de son exemplaire de La Bruyère (G. Michaut, « Le " La Bruyère " de Sainte-Beuve », *Revue d'Histoire littéraire de la France*, 13 (1906), 506.

II. MAXIMES

L'écriture des maximes provoque chez La Bruyère une longue réflexion sur son fonctionnement. Dans sa *Préface* aux *Caractères*, il établit une certaine distance entre lui-même et les autres moralistes du siècle et il affirmera son originalité en renouvelant le genre auquel il enlève la rigueur d'un certain dogmatisme : il s'accorde le privilège d'y ajouter de la variété. Il marque sa position en prenant parti contre l'acception habituelle du mot *maxime* au XVIIe siècle :

> Ce ne sont point... des maximes que j'aie voulu écrire : elles sont comme des lois dans la morale, et j'avoue que je n'ai ni assez d'autorité ni assez de génie pour faire le législateur; je sais même que j'aurais péché contre l'usage des maximes, qui veut qu'à la manière des oracles elles soient courtes et concises. Quelques-unes de ces remarques le sont, quelques autres sont plus étendues : on pense les choses d'une manière différente, et on les explique par un tour aussi tout différent, par une sentence, par un raisonnement, par une métaphore ou quelque autre figure, par un parallèle, par une simple comparaison, par un fait tout entier, par un seul trait, par une description, par une peinture : de là procède la longueur ou la brièveté de mes réflexions (pp. 64-65).

On ne saurait analyser sa manière d'une façon plus nette. La Bruyère devance ainsi ses critiques et voit au-delà de son texte ; il assure sa position vis-à-vis de lui-même et de son public. Au niveau du style il est le plus sûr « législateur » qui soit; il fait preuve de ce goût dont il indique la perfection et qui consiste à bien définir et bien peindre, trouver le mot juste, penser et parler avec la plus grande clarté.

Malgré la souplesse qu'il introduit dans ce genre, la maxime de base appartient à la catégorie des maximes qui « à la manière des oracles » sont « courtes et concises ». Ce choix est un aveu d'écriture resserrée et définitive, résultat d'une pensée plus qu'exposé de son déploiement. Elle annihile la possibilité de longs développements tout en s'offrant au lecteur comme un tremplin d'interprétation et d'augmentation. Étant succincte, elle stimule l'invention du lecteur qui a tout loisir d'amplifier les marges; celui-ci doit participer à ce genre rigide pour lui donner un véritable sens.

Les maximes sont pourtant, quant à l'écrivain préoccupé de l'élaboration d'une œuvre qu'il ne peut que prévoir vaguement, un pis-aller; accumulées, les maximes concises marquent les limites d'un texte possible, mais arrivé à sa fin dès le début de son fonctionnement. Elles tiennent pourtant du poétique en ce qu'elles indiquent une vacance, se situent par rapport aux marges ouvertes du livre, comme le poème de Mallarmé, conçu au bord du silence, ne désirant sur la page que le souvenir discret de sa présence. L'écriture de La Bruyère s'impose pourtant avec autorité; la maxime s'élève forte de sa raison et de son absolue lucidité, alors que le poème mallarméen suggère la dissolution du matériau de pensée et d'écriture.

S'il s'éloigne de la conception classique de la maxime, c'est pour s'affirmer par une démarche originale vis-à-vis de ses devanciers. Dans cette optique de variété et de recherche personnelle, nous pouvons distinguer chez La Bruyère des catégories de maximes qui vont du simple au complexe, de l'expression directe d'une pensée au développement de « variantes », celles enfin qui se situent, par les éléments d'illustration et de description qu'elles contiennent, aux confins des « caractères » auxquels elles s'apparentent d'ailleurs par de nombreux traits[1].

1) *Maximes positives, générales, unilatérales* ressemblant à celles de La Rochefoucauld, qui ne sont pas productrices de texte, mais plutôt des arrêts de pensée. En général, les remarques

---

1. Voir Serge Meleuc, « Structure de la Maxime », *Langages*, 13 (1969), 69-99 et Michel Pierssens, « Fonction et champ de la maxime. Notes pour une recherche », *Sub-stance*, O (March 1971), 1-9.

dans *Du cœur* appartiennent à cette catégorie, peut-être parce que le « cœur » est un des domaines d'investigation privilégiés des auteurs de maximes et que La Bruyère y trouve lui-même peu de matière à « glaner ». Le texte a l'autorité du définitif ; par le fait qu'il est le résultat d'une démarche de pensée, il se rapproche de ces « lois » dans la morale auxquelles il fait allusion :

L'amour et l'amitié s'excluent l'un l'autre (7 : 138).

ou

La grossièreté, la rusticité, la brutalité peuvent être les vices d'un homme d'esprit (48 : 366).

2) *Maximes en travail,* qui conservent en elles les marques d'un doute, d'une hésitation, traces d'une écriture qui est une enquête plus qu'une loi, qui cherche, soulève des questions, est vue dans son mouvement :

Il est difficile de décider si l'irrésolution rend l'homme plus malheureux que méprisable ; de même *s'il y a toujours plus d'inconvénient* à prendre un mauvais parti, qu'à n'en prendre aucun (5 : 298).

ou

Je ne sais si un bienfait qui tombe sur un ingrat, et ainsi sur un indigne, ne change pas de nom, et s'il méritait plus de reconnaissance (46 : 144).

3) *Maximes fondées sur un contraste, une opposition, visant à la pointe,* dirigeant donc notre lecture, nous montrant comment on doit les comprendre et les lire. Il s'agit moins d'une pensée souple que d'un désir de convaincre ou de surprendre (ce qui revient peut-être au même) et qui nous fait passer par une série de détails en vue d'une conclusion inévitable :

Jeune, on conserve pour sa vieillesse ; vieux, on épargne pour la mort. L'héritier prodigue paye de superbes funérailles, et dévore le reste (64 : 198).

ou

> Si une femme pouvait dire à son confesseur, avec ses autres faiblesses, celles qu'elle a pour son directeur, et le temps qu'elle perd dans son entretien, peut-être lui serait-il donné pour pénitence d'y renoncer (39 : 122).

Alors que La Rochefoucauld semble exprimer sa pensée essentielle tout au long de la maxime, La Bruyère la réserve pour la fin ; les traits sont choisis en vue de la pointe qui les résume tous :

> On convie, on invite, on offre sa maison, sa table, son bien et ses services : rien ne coûte qu'à tenir parole (52 : 145).

4) *Maximes négatives,* dans lesquelles l'élément dénigrant est un ferment d'écriture, l'expression d'une pensée qui établit des distinctions, des nuances, réagit pour constater plutôt que pour légiférer[2] :

> Il n'y a rien qui enlaidisse certains courtisans comme la présence du prince : à peine les puis-je reconnaître à leurs visages; leurs traits sont altérés, et leur contenance est avilie. Les gens fiers et superbes sont les plus défaits, car ils perdent plus du leur; celui qui est honnête et modeste s'y soutient mieux : il n'a rien à réformer (13 : 223).

ou

> Il y a des maux effroyables et d'horribles malheurs où l'on n'ose penser, et dont la seule vue fait frémir : s'il arrive que l'on y tombe, l'on se trouve des ressour-

---

2. André Stegmann (*Les Caractères de La Bruyère,* p. 74) met les maximes négatives et impératives dans la catégorie englobante de « pseudo-maximes », qui se présentent rarement « comme des constats psychologiques ou des définitions ». M. Pierrsens prétend par contre que « la forme de la maxime permet... de construire une structure spécifique, qui est le corpus même des vérités idéologiques, le répertoire des normes d'une société, et le réservoir où elle puise pour se donner des raisons ou des directions... Précisons pourtant, ajoute-t-il, que l'écrivain n'est pas le scribe de l'idéologie dominante. Il n'écrit pas pour réaffirmer ce qui est connu, mais pour le *fixer,* et plus souvent encore pour le développer ou le contredire » (pp. 3-4).

ces que l'on ne se connaissait point, l'on se raidit contre son infortune, et l'on fait mieux qu'on ne l'espérait (30 : 311).

5) *Maximes interrogatives ou exclamatives,* qui sont une variante de la maxime négative, relevant du doute, de l'étonnement, celles-ci ouvrant le dialogue plus qu'elles ne mettent fin à la discussion :

Qu'il est difficile d'être content de quelqu'un ! (65 : 147).

ou

Qui peut, avec les plus rares talents et le plus excellent mérite, n'être pas convaincu de son inutilité, quand il considère qu'il laisse en mourant un monde qui ne se sent pas de sa perte, et où tant de gens se trouvent pour le remplacer ? (1 : 96).

6) La *maxima sententia* impose à l'écrivain une forme stable qui s'en tient au général, encourage un ton « neutre ». Chez La Bruyère, elle est écrite dans un style apparemment différent de celui des « caractères » qui est beaucoup plus varié, haché et vigoureux. Ses « caractères » peuvent cependant s'insérer dans la maxime pour l'illustrer, la rendre ainsi plus alerte et agissante et perdre son apparence terne de généralité. Ainsi la maxime, qui pourrait être le résultat d'une longue suite de pensées, devient un point de départ :

Une femme insensible est celle qui n'a pas encore vu celui qu'elle doit aimer.

Il y avait à *Smyrne* une très belle fille qu'on appelait *Elmire* ... (81 : 134-36).

ou

Si vous êtes d'une certaine qualité, et que vous ne vous sentiez point d'autre talent que celui de faire de froids discours, prêchez, faites de froids discours : il n'y a rien de pire pour sa fortune que d'être entièrement ignoré. *Théodat* a été payé de ses mauvaises phrases et de son ennuyeuse monotonie (16 : 451).

7) *Maximes énumératives,* qui permettent de noter rapide-
ment et sans les développer les sensations fugitives et souvent
contradictoires de notre vie affective :

> C'est par faiblesse que l'on hait un ennemi, et que
> l'on songe à s'en venger; et c'est par paresse que l'on
> s'apaise, et qu'on ne se venge point (70 : 148).

ou

> Etre avec des gens qu'on aime, cela suffit; rêver,
> leur parler, ne leur parler point, penser à eux, penser
> à des choses plus indifférentes, mais auprès d'eux,
> tout est égal (23 : 140).

8) *Maximes fondées sur des antithèses,* où l'opposition dans
la forme est la mimésis d'une complexité dialectique. Si le discours du moraliste est naturellement oxymorique, c'est que la
volonté de concision tend à favoriser ce jeu de rapprochements
fulgurants. La maxime est ainsi déterminée par un rythme binaire
qui simplifie ou annule les nuances. Le nombre fonctionne ici
dans sa plus élémentaire manifestation de division :

> Si la pauvreté est la mère des crimes, le défaut
> d'esprit en est le père (13 : 306).

ou

> L'on voit des hommes tomber d'une haute fortune
> par les mêmes défauts qui les y avaient fait monter
> (34 : 232).

9) Certaines maximes tendent à simplifier, se contentent
d'*hyperboles contrastées,* leur pivot essentiel étant une réduction
extrême, moyen d'opposition le plus élémentaire. Entre ces deux
propositions, on pourrait imaginer une quantité d'autres possibilités, mais que La.Bruyère, en vue d'une expression concise
et frappante, supprime et prétend ignorer :

> Il n'y a que deux manières de s'élever, ou par sa
> propre industrie, ou par l'imbécillité des autres (52 :
> 194-95).

ou

Celui qui aime assez pour vouloir aimer un million
de fois plus qu'il ne fait, ne cède en amour qu'à celui
qui aime plus qu'il ne voudrait (14 : 139).

10) D'autres maximes doivent leur dynamique à l'emploi de
l'impératif, propre à alerter l'attention du locutaire par sa fonction conative et à assurer au texte un éclat privilégié. Dans ce
cas, la dynamique est doublée du fait que le premier impératif
n'est posé que temporairement dans la phrase et annonce la
prégnance de l'impératif prénominal :

Sachez précisément ce que vous pouvez attendre
des hommes en général, et de chacun d'eux en particulier, et *jetez-vous* ensuite dans le commerce du
monde (12 : 306).

Certaines maximes doivent leur dynamique à l'emploi de l'*in-
finitif* en position initiale. Dans cet exemple, *regretter* a une
fonction positive, génératrice de contraste avec *vivre* placé dans
l'ombre du négatif :

Regretter ce que l'on aime est un bien, en comparaison de vivre avec ce que l'on hait (40 : 143).

D'autres sont amorcées par l'emploi de *locutions impersonnelles*.
Il semble a une force d'alerte provenant d'une atténuation de la
maxime promise, aboutissant ainsi à un effet de style :

Il semble qu'il est moins rare de passer de l'anti-
pathie à l'amour qu'à l'amitié (25 : 140).

La locution *il y a,* par sa simplicité et banalité, est promet-
teuse, par contraste, d'un sens plein et pour lequel le lecteur a
été préparé — moyen rhétorique paradoxalement effectif :

Il y a quelques rencontres dans la vie où la vérité
et la simplicité sont le meilleur manège du monde
(89 : 250).

Il faut — la force de la locution, qui correspond à un premier
mouvement de la pensée, acquiert rétrospectivement plus de sens
et d'éclat quand elle est vue dans le deuxième mouvement :

> Il faut des saisies de terre et des enlèvements de meubles, des prisons et des supplices, je l'avoue; mais justice, lois et besoins à part, ce m'est une chose toujours nouvelle de contempler avec quelle férocité les hommes traitent d'autres hommes (127 : 339).

La conjonction *si* introduit une comparaison-opposition avec une valeur concessive, moyen de temporisation allant au-devant de l'augmentation comprise dans *davantage* — autre exemple d'une maxime qui devient, par sa dynamique contrôlée, une réussite stylistique :

> S'il est périlleux de tremper dans une affaire suspecte, il l'est encore davantage de s'y trouver complice d'un grand : il s'en tire, et vous laisse payer doublement, pour lui et pour vous (38 : 266).

Les expressions généralisantes comme *tout, la plupart, quelque* sont chez La Bruyère des formules qui limitent le sujet plus qu'elles ne l'engendrent et pourraient encourager, par la voie du pluriel, un développement qui se référerait au détail plus qu'aux généralités[3] :

> Tout prospère dans une monarchie où l'on confond les intérêts de l'État avec ceux du prince (26 : 290).

ou

> La plupart des hommes emploient la meilleure partie de leur vie à rendre l'autre misérable (102 : 330).

ou

> Il y a dans quelques hommes une certaine médiocrité d'esprit qui contribue à les rendre sages (153 : 346).

---

3. On trouve moins souvent chez La Bruyère la copule restrictive *n'est que*; selon Barthes, elle est la relation qui pourrait passer pour le modèle même de la maxime chez La Rochefoucauld. Voir son « La Rochefoucauld : '' Réflexions ou Sentences et Maximes ''», *Le Degré zéro de l'écriture*, Paris : Seuil, 1972, p. 76.

11) Maximes qui, pour éviter l'aridité de l'abstraction, *se concrétisent en une comparaison* qui agit comme substance essentielle, envahissante du texte, où le poétique finit par l'emporter sur le didactique. Dans cet exemple, la métaphore « homme transplanté » étant fermement établie, le comparé et le comparant agissent de concert :

> Combien d'hommes ressemblent à ces *arbres déjà forts et avancés* que l'on transplante dans les jardins, où ils surprennent les yeux de ceux qui les voient placés dans de beaux endroits où ils ne les ont point vus croître, et qui ne connaissent ni leurs commencements ni leurs progrès ! (22 : 186).

Dans cet autre exemple, c'est par une image monétaire continuée qu'il soutient son assertion :

> Les huit ou dix mille hommes sont au souverain *comme une monnaie* dont il *achète* une place ou une victoire : s'il fait qu'il lui en *coûte* moins, s'il *épargne* les hommes, il ressemble à celui qui *marchande* et qui connaît mieux qu'un autre le *prix de l'argent* (25 : 290).

12) Maximes qui tournent manifestement le dos à l'abstraction dès le moment de leur formulation et sont tout entières faites d'*images développées*. Ainsi, par la rhétorique, les hommes de cour sont révélés dans leurs caractéristiques empruntées, « artificielles ». Le courtisan est aussi présenté dans l'image d'une mécanique parfaitement réglée, ne fonctionnant que sur elle-même, et dont La Bruyère donne la solution :

> Les roues, les ressorts, les mouvements sont cachés; rien ne paraît d'une montre que son aiguille, qui insensiblement s'avance et achève son tour : image du courtisan, d'autant plus parfaite qu'après avoir fait assez de chemin, il revient souvent au même point d'où il est parti (65 : 243).

13) Certaines maximes dérivent *d'exemples particuliers, d'images ou de scènes développées*. Le meilleur exemple de ce procédé est sans doute celui de la petite ville où tout, vu de loin, est parfait et exposé dans une suite de détails relevant ses

côtés favorables, ceci pour préparer la pointe qui correspond approximativement à cette maxime qui, si La Bruyère l'avait exprimée directement, aurait été : « Quelle que soit la perfection du lieu que l'homme habite, on finit par s'y ennuyer ou pense pouvoir s'y ennuyer ». La pointe « Je descends dans la ville, où je n'ai pas couché deux nuits, que je ressemble à ceux qui l'habitent : j'en veux sortir » (49 : 168), acquiert une acuité particulière du fait qu'elle est précédée de son illustration. Tout est ménagé pour faire ressortir les beautés et les commodités de la ville qui semble dessinée en teintes claires sur la page :

> J'approche d'une petite ville, et je suis déjà sur une hauteur d'où je la découvre. Elle est située à mi-côte ; une rivière baigne ses murs, et coule ensuite dans une belle prairie ; elle a une forêt épaisse qui la couvre des vents froids et de l'aquilon. Je la vois dans un jour si favorable, que je compte ses tours et ses clochers... (48 : 167-68).

La Bruyère a d'ailleurs conscience du pittoresque de la ville qui lui paraît « peinte sur le penchant de la colline » (49 : 168). Cette constatation de sa part nous autorise à croire qu'il a imaginé cette ville, qui lui a donné volontairement cet aspect pictural qui est en soi, par son côté d'art et d'artifice, une écriture en vue de la pointe. Cette réflexion sur la « petite ville » pourrait également figurer les promesses d'une écriture qui se cherche, mais qui aboutit à une désillusion. La Bruyère énumère consciemment les éléments de beauté de cette ville où tout est modéré et plaisant, qui sont autant de métaphores d'une écriture heureuse dans sa mesure, mais destinée à ne pas prospérer longtemps. N'est-ce pas l'image du fragment du texte qui va au-devant de sa fin, écriture qui provient d'intentions critiques qui sont en même temps son ferment et sa condamnation ? La Bruyère a des départs qu'il voudrait prometteurs et qui bientôt échouent.

14) La *procrastination* est le moteur de bien des maximes : l'ambiguïté est créée dans l'esprit du lecteur par une énumération de traits favorables sans qu'il ait les moyens de prévoir la conclusion « barbare » :

> Avec un langage si pur, une si grande recherche dans nos habits, des mœurs si cultivées, de si belles

lois et un visage blanc, nous sommes barbares pour
quelques peuples (23 : 358).

La même technique d'attente et de retardement préside à l'orga-
nisation des maximes suivantes, la surprise de la fin ayant été
préparée consciemment et spirituellement par le début :

> Il fait bon avec celui qui ne se sert pas de son bien
> à marier ses filles, à payer ses dettes, ou à faire des
> contrats, pourvu que l'on ne soit ni ses enfants ni
> sa femme (77 : 201).

ou

> Il faut laisser parler cet inconnu que le hasard a
> placé auprès de vous dans une voiture publique, à une
> fête ou à un spectacle ; et il ne vous coûtera bientôt
> pour le connaître que de l'avoir écouté : vous saurez
> son nom, sa demeure, son pays, l'état de son bien,
> son emploi, celui de son père, la famille dont est sa
> mère, sa parenté, ses alliances, les armes de sa maison ;
> vous comprendrez qu'il est noble, qu'il a un château,
> de beaux meubles, des valets, et un carrosse (14 : 158).

15) La Bruyère oscille visiblement entre maximes et portraits ; c'est sur cet axe que se situe son jeu linguistique et stylistique. En tant qu'artiste il peut craindre que la maxime soit
trop aride ; il la fait donc pencher vers le genre « caractère ».
Mais quand il écrit un « caractère », il redoute l'emprise du
particulier, du trop détaillé, et le ramène donc vers la maxime.
Voici une *maxime-portrait* qui n'est pas un caractère développé
ni une maxime nettement articulée ; le nom propre reste aussi
impersonnel et général que le pronom auquel il se substitue :

> *Brontin*, dit le peuple, fait des retraites, et s'enferme
> huit jours avec des saints : ils ont leurs méditations,
> et il a les siennes (30 : 189).

ou

> D'où vient qu'*Alcippe* me salue aujourd'hui, me
> sourit, et se jette hors d'une portière de peur de me
> manquer ? Je ne suis pas riche, et je suis à pied : il doit,
> dans les règles, ne me pas voir. N'est-ce point pour

être vu lui-même dans un même fond avec un grand ?
(74 : 321-22).

A la maxime du genre « On n'a pas à craindre de perdre la
faveur des grands, pendant tout le temps qu'ils auront besoin
de vous », La Bruyère substitue un portrait dans lequel il relève
les qualités extrêmes d'un certain Aristide, et tout le passage est
animé dramatiquement par l'apostrophe :

> Avec un esprit sublime, une doctrine universelle,
> une probité à toutes épreuves et un mérite très accom-
> pli, n'appréhendez pas, ô *Aristide*, de tomber à la
> cour ... (93 : 250).

Quelques maximes-portraits — appelons ainsi celles qui sont
désignées par un nom propre, donc le particulier, qui est le
contraire de ce qui constitue la maxime — sont très peu développées. Le nom a le privilège de dramatiser et d'actualiser une
abstraction, même s'il sonne creux et ne couvre aucune profondeur humaine [4]. C'est l'état le plus fruste du « caractère » :

> *Cléon* parle peu obligeamment ou peu juste, c'est
> l'un ou l'autre ; mais il ajoute qu'il est fait ainsi, et
> qu'il dit ce qu'il pense (22 : 160).

ou

> *Fauste* est dissolu, un prodigue, un libertin, un
> ingrat, un emporté, qu'*Aurèle*, son oncle, n'a pu
> haïr ni déshériter (107 : 332).

Le genre maxime agit sur la *facture* même de la maxime ;
les sujets offrent parallèlement au contenu sémantique une
allusion aux constituants de l'œuvre. Voici qui expose une des
conditions de la maxime — le côté multiple de l'homme, ses
inégalités, la variété, qui sont des métaphores de l'écriture fondée
sur les exigences de la multiplication et de la définition :

> Il est difficile de décider si l'irrésolution rend

---

4. Il y a à peu près deux cents noms fictifs dans les *Caractères*
dont certains ne sont que des noms et d'autres — plus de la moitié —
ont des référents incertains. Voir Stegmann, p. 83.

l'homme plus malheureux que méprisable; de même
s'il y a toujours plus d'inconvénient à prendre un
mauvais parti, qu'à n'en prendre aucun (5 : 298).

La maxime, comme genre, est statique, nécessairement uniforme.
Pour l'animer et lui donner un statut littéraire, elle doit refléter
une grande diversité, car La Bruyère tient à présenter une œuvre
qui plaise par ses surprises, ses chocs et ses errances. Le choix
d'une forme fragmentée fait qu'aucun point de vue ne peut
être traité et développé d'une façon constante et unique. Il est
curieux de voir que La Bruyère, qui semble croire à *la vérité*,
n'ait pas, dans les sujets divers qu'il traite, dégagé *une* vérité.
Il tourne autour d'un sujet par des moyens divers, des exemples
variés, et par là il brouille toute unité possible dans la voie d'une
solution. C'est là d'ailleurs une des conditions de son jeu scriptural : détailler pour que le sujet qu'il traite soit véritable matériau
littéraire. Le fragment chez La Bruyère témoigne de la crainte
du mouvement, du développement : « Achille immobile à grands
pas ! »

III. CARACTÈRES

Il existe dans l'œuvre de La Bruyère des constantes qui fonctionnent comme le point neutre auquel il revient toujours à la suite de ses errances du côté de l'exceptionnel. Cependant l'uniformité ne suffirait pas à nourrir l'œuvre ; les « caractères » servent à y introduire des exemples, des illustrations, des annexes divertissantes. Même dans le domaine des « caractères » qu'il tente de simplifier, La Bruyère admet la pluralité : « Les hommes n'ont pas de caractères, ou s'ils en ont, c'est celui de n'en avoir aucun qui soit suivi, qui ne se démente point, et où ils soient reconnaissables. Ils souffrent beaucoup à être toujours les mêmes, à persévérer dans la règle ou dans le désordre ; et s'ils se délassent quelquefois d'une vertu par une autre vertu, ils se dégoûtent plus souvent d'un vice par un autre vice. Ils ont des passions contraires et des faibles qui se contredisent ; il leur coûte moins de joindre les extrémités que d'avoir une conduite dont une partie naisse de l'autre ... » (147 : 345). Si La Bruyère s'attache surtout aux vices des hommes (il n'y a que quelques caractères tout à fait vertueux), c'est qu'ils lui offrent le spectacle d'une brisure, des écarts par rapport à une norme. Les vices sont des sujets générateurs plus que les vertus, ce qui a été compris par tous les moralistes, qu'ils s'appellent Montaigne, Pascal ou La Rochefoucauld, des poètes tels que Baudelaire, des romanciers tels que Balzac, Zola, parmi tant d'autres. Les vues négatives de La Bruyère sont encouragées par un désir de style, aux contrastes accusés. Ainsi un dialogue s'instaure, qui est le « rythme » nécessaire à l'écriture des *Caractères*, mettant à nu le fonctionnement élémentaire du texte qui se fait[1].

---

1. « La cinquantaine de portraits en forme, d'où émergent, avec ou sans clefs, les vrais " caractères " (Ménalque, Diphile, Arrias, Gnathon, Pamphile, Cydias, Onuphre, Lise, Glycère, Irène, Giton et Phédon, Basilide et Démophile) modifie d'autant moins profondément la structure des *Caractères* qu'ils sont, pour la plupart, groupés et nombreux dans trois

La Bruyère a compris que la maxime seule était impuissante à désigner l'universel et c'est par le détail qu'il a voulu illustrer la folie humaine — en ceci différent de Montaigne qui retient de son expérience mille traits spéciaux pour les hausser au niveau de l'universel : désignant un homme, il représente toute l'humanité. Mais chez tous les deux, le banal se revêt des teintes du poétique et plus il est accusé, plus le texte s'impose par ses arêtes marquées. Le grotesque, l'excentrique ne sont pas exposés comme des vices, mais comme des curiosités qui intéressent l'écrivain, amateur de traits frappants et le lecteur, amateur de surprises. L'ironie agit d'une manière prépondérante dans l'articulation du texte.

1) Dans l'intention d'entrer directement *in medias res,* La Bruyère adopte une écriture qui évite les précautions, les remarques préliminaires, ce qui entraîne une réduction des complexités de la syntaxe et un recours aux moyens d'exposition les plus élémentaires. Ainsi se propose le thème dans toute son intégrité, provenant d'un renoncement temporaire à la rhétorique, produisant un texte qui est réduit à l'essentiel, où les mots, en une sorte de pointillisme étudié, jaillissent avec la plus grande légèreté. La Bruyère joue avec son texte et le rend pétillant ; le résultat en est un style d'une extrême acuité :

> *Arrias* a tout lu, a tout vu, il veut le persuader ainsi ; c'est un homme universel, et il se donne pour tel : il aime mieux mentir que de se taire ou de paraître ignorer quelque chose, etc. (9 : 155).

> ou

> N... est riche, elle mange bien, elle dort bien ; mais

chapitres seulement (*Des biens de fortune, Des grands, De l'homme*). Ils n'en sont pas moins indétachables de l'ensemble des maximes qui leur donne leur signification et en reçoit d'eux à leur tour. Leur absence serait dommageable : si mince que soit la place qu'ils occupent, ils sont, sinon le meilleur de l'ouvrage, du moins l'illustration la plus savoureuse des *Caractères*, et la plus conforme au génie visuel de leur auteur » (Stegmann, p. 85). Si contestable que soit la définition par trop restrictive que Stegmann donne du « caractère » (qu'il situe dans trois chapitres seulement) et même s'il semble croire que leur inclusion nuit tant soit peu à l'unité du livre, il n'en reste pas moins vrai qu'ils présentent, comme d'ailleurs il nous le fait remarquer, ce qu'il y a de plus original dans l'œuvre.

les coiffures changent, et lorsqu'elle y pense le moins, et qu'elle se croit heureuse, la sienne est hors de mode (13 : 402).

2) Les *oppositions* les plus nettes suffisent à la formation d'un « caractère ». Dans l'exemple suivant, les contrastes sont désignés par une image — celle du masque — qui est destinée à présenter le sujet. Chez les poètes, l'image introduit parfois le vague et l'obscur; chez La Bruyère, elle agit comme un éclairage direct sur le texte :

> *Ménophile* emprunte ses mœurs d'une profession, et d'un autre son habit; il masque toute l'année, quoique à visage découvert; il paraît à la cour, à la ville, ailleurs, toujours sous un certain nom et sous le même déguisement. On le reconnaît et on sait quel il est à son visage (48 : 235-36).

Il nous dit ailleurs : « Ne pouvoir supporter tous les mauvais caractères dont le monde est plein n'est pas un fort bon caractère : il faut dans le commerce des pièces d'or, et de la monnaie » (37 : 164-65). Pour la pesée, l'opposition génératrice de « caractères », il faut précisément ces diverses « pièces » — celles de « monnaie » sont les plus utiles au mouvement de l'écriture, qui se fonde sur des déformations plus susceptibles d'entrer dans le réseau textuel.

3) « Le monde est plein d'Euthyphons » (24 : 161) est une formule que La Bruyère pourrait appliquer à la plupart de ses caractères. Il est en effet à l'affût de généralités, même si son discours se charge d'une quantité de particularités. La plupart du temps, ces portraits tendent à détruire la complexité du personnage, puisqu'ils partent d'un principe de dépouillement, de suppression des éléments étrangers au trait qu'il s'agit de mettre en relief.

Le genre « caractère » — comme le genre « maxime » — agit sur la facture même du caractère. Ces traits que La Bruyère relève chez les êtres qu'il imagine — en grande partie en tout cas — sont des traits de style [2]. Vus à travers une optique réduc-

---

2. « Que la comédie de la vie ait vivement amusé et intéressé La

trice, ils acquièrent automatiquement un statut d'écriture. Quand il dit : « Un homme qui n'a de l'esprit que dans une certaine médiocrité est sérieux et tout d'une pièce » (89 : 326), il donne une autre indication sur le fonctionnement de son écriture : pour que le « caractère » soit possible, il faut annuler les nuances, procéder à une simplification qui donne l'effet de l'unité. Il ressort de cela une série d'êtres uniques, anormaux, souvent irréels, tout entiers dans la projection scripturale[3].

Un personnage de La Bruyère se détruit sous nos yeux, mais, paradoxalement, il se manifeste par ses manques. Que ce soit du côté des « grandes choses » auxquelles il pourrait s'élever ou dans les petites dont il pourrait s'accommoder, il est vu dans une position d'ineptie. Voici un exemple frappant du nivellement du caractère par le style — La Bruyère mime la sottise par une phrase qui, syntaxiquement et euphoniquement, est inepte : « Un sot ni n'entre, ni ne sort, ni ne s'assied, ni ne se lève, ni ne se tait, ni n'est sur ses jambes, comme un homme d'esprit » (37 : 108).

4) Quand un lecteur, préparé à la lecture de La Bruyère, voit au début du « caractère » un éloge (Cléante, par exemple, honnête homme dont la femme est « la meilleure personne du monde et la plus raisonnable » (43 : 166), il trouve dans ce commencement la menace d'une fin défavorable. La chute, selon les nécessités de cette écriture, est presque toujours inévitable. Dans l'accumulation des références aux qualités — « chacun, de sa part, fait tout le plaisir et tout l'agrément des sociétés

---

Bruyère, qu'il y ait trouvé la matière de maintes remarques, c'est l'évidence. Mais, dans l'ignorance où nous sommes des particularités de son existence, nous ne pouvons faire de comparaisons précises entre telle expérience qu'il a eue de la société et les passages de son livre qu'elle lui a suggérés » (Robert Garapon, Les Caractères de La Bruyère. La Bruyère au travail, Paris : Société d'Édition d'Enseignement Supérieur, 1978, pp. 102-03).
    3. Francis Jeanson fait remarquer que le drame des Caractères, « c'est celui de l'écrivain pris à son propre jeu d'artiste, sacrifiant malgré lui sa générosité première à la jouissance de l'esthétisme et de la vaine création. Une ironie presque socratique à l'origine s'est dégagée ici en ironie pure; il s'agissait de décrire pour réveiller et pour provoquer; il ne s'agit plus que de caractériser pour le plaisir de caractériser » (« Le Moraliste grandeur nature », Les Temps Modernes, 54 (1950), 1786).

où il se trouve ; l'on ne peut voir ailleurs plus de probité, plus de politesse » (43 : 166) — on pressent une rupture, une surprise faite pour plaire au public : « Ils se quittent demain... » (43 : 166). La destruction du texte élogieux est si abrupte que La Bruyère doit l'expliquer par une maxime — et le portrait, rétrospectivement, fonctionne comme une maxime appliquée, développée et mise en mouvement. Les prévisions du texte entraînent un choix rigoureux des éléments qui sont nécessaires à l'argument de la fin : « Il y a, sans mentir, de certains mérites qui ne sont point faits pour être ensemble, de certaines vertus incompatibles » (45 : 166).

5) La récurrence de personnages semblables chez La Bruyère — une quantité de vaniteux dont il montre le vide et les illusions qu'ils ont sur eux-mêmes — indique qu'ils proviennent plus de son invention que de son observation. La « dématérialisation » du portrait est marquée dans celui de Pamphile (50 : 270-71) qui, dès le deuxième paragraphe, devient *un* Pamphile et, plus loin, *les* Pamphiles. On assiste ici à la démarche généralisante d'une écriture dont les personnages-sujets finissent par avoir une seule réalité de papier ; vides, ils n'existent que par les vertus d'un style sec, alerte, dépouillé. Ils agissent et s'agitent ; ils sont vus dans leur mouvement, dans leur extérieur. En somme, ce qui leur manque, c'est le « caractère », qui serait la marque profonde et éprouvée d'un individu qui aurait une vie intérieure intense[4]. La Bruyère avoue lui-même l'apparence factice de ses caractères quand il écrit que « Les Pamphiles sont toujours comme sur un théâtre » (50 : 271). On trouve en effet chez lui des quantités de scènes qui sont comme des esquisses théâtrales où il est sans cesse occupé par l'idée de l'effet à produire sur un spectateur/lecteur.

6) Parmi les éléments moteurs du « caractère », toujours d'une grande simplicité et d'une netteté impeccable, remarquons

---

4. « Nous pressentons la façon dont La Bruyère regarde ; en fait il ne perçoit pas le vivant, l'être en état de mobilité. Il ne soupçonne pas sur un visage la possibilité d'un changement. Il ne perçoit que le masque, conçu comme un paravent conventionnel. Or le masque n'est qu'un objet ; et il semble bien que La Bruyère ne puisse voir autre chose que des objets » (Jean Mouton, « La Bruyère : Le recours à l'objet », *Les Intermittences du regard chez l'écrivain*, Paris : Desclée de Brouwer, 1973, pp. 40-41).

d'abord l'étonnante prépondérance du pronom, répété dans une intention de ne pas varier la syntaxe, pour aboutir à un portrait neutre. Une quantité de caractères sont présentés à la troisième personne du singulier, ce qui contribue immédiatement à détacher l'auteur de son personnage, à lui accorder le statut du général. Ici opère une certaine décantation du sujet ; l'uniformité de la syntaxe est un effet de l'art :

> *Ruffin* commence à grisonner ; mais *il* est sain, *il* a un visage frais et un œil vif qui lui promettent encore vingt années de vie ; *il* est gai, jovial, familier, indifférent ; *il* rit de tout son cœur, et *il* rit tout seul et sans sujet : *il* est content de soi, des siens, de sa petite fortune ; *il* dit qu'*il* est heureux. *Il* perd son fils unique, jeune homme de grande espérance, et qui pouvait un jour être l'honneur de sa famille ; *il* remet sur d'autres le soin de le pleurer ; *il* dit : « Mon fils est mort, cela fera mourir sa mère » ; et *il* est consolé (123 : 337).

Les pronoms proposent le général appartenant à la maxime ; le *il* a souvent une valeur équivalente du *on*. Ce dépouillement et cette monotonie syntaxiques, assurés par les pronoms, traduisent ce qui appartient au non-différencié, c'est-à-dire l'universel. Les *Caractères* procèdent fréquemment par le récit itératif, désigné par Danièle Chatelain comme « une forme parfaite de mise en lumière des lois de la nature humaine, laissant de côté le particulier pour révéler le général »[5] et dans lequel elle trouve la langue dominante des moralistes, entre autres La Rochefoucauld et La Bruyère.

Cette récurrence des pronoms personnels révèle l'essentiel de la technique de La Bruyère, procédant par juxtapositions d'éléments sans qu'il y ait confusion ni progression. Ces phrases articulées par le pronom étant syntaxiquement ce qu'il y a de plus élémentaire, figurent en elles-mêmes des symboles d'un idéal d'écriture lumineuse.

7) Le pronom indéfini *on* articule les caractères plus généralisés dans lesquels La Bruyère songe à un groupe plus qu'à un

---

5. « Itération interne et scène classique », *Poétique*, 51 (1982), 371.

individu :

> L'on se couche à la cour et l'on se lève sur l'intérêt ;
> c'est ce que l'on digère le matin et le soir, le jour et la
> nuit ; c'est ce qui fait que l'on pense, que l'on parle,
> que l'on se tait, que l'on agit... (22 : 227).

La Bruyère aurait très bien pu se servir d'un pronom défini dans
ce portrait : « Il se couche... il se lève... », mais la vanité, l'automatisme et les intérêts sont exposés d'autant mieux qu'ils sont
placés sous le signe de l'impersonnel et du général[6]. Le on, par
son imprécision en même temps que son pouvoir de généralisation, élargit le caractère collectif en soulignant encore la vanité
des fantoches de la cour. Le on prédomine dans le chapitre De
la cour, où il s'agit pour l'auteur de mimer une vanité collec-
tive[7] : phonétiquement ces suites de on propagent la monotonie
du vide[8].

8) La Bruyère fait intervenir fréquemment le caractère
comme personnage de théâtre, qu'il interpelle ; ce procédé fait
de Clitiphon, par exemple, un pantin dont l'auteur manie les
ficelles :

> Je vais, Clitiphon, à votre porte... Vos esclaves me
> disent que vous êtes enfermé, et que vous ne pouvez
> m'écouter que d'une heure entière. Je reviens avant le
> temps qu'ils m'ont marqué, et ils me disent que vous
> êtes sorti. Que faites-vous, Clitiphon, dans cet endroit
> le plus reculé de votre appartement, de si laborieux,
> qui vous empêche de m'entendre ?... (12 : 182).

Si La Bruyère s'étend sur ces mystères de « l'homme important
et chargé d'affaires » (12 : 182), c'est pour lui opposer le philosophe qui est accessible : « Entrez, toutes les portes vous sont

---

6. Voir Meleuc (« Structure de la maxime », p. 75), pour qui le il
est la non-personne, alors que le on est « la suppression de l'agent en
tant qu'il a un contenu sémantique spécifique... »
7. « ... il parle de cette cour comme d'un pays lointain, non point
tout à fait barbare, mais où l'ivrognerie, la débauche, une plate servilité
une fausse dévotion sont les moindres défauts... » (E. Zola, Mes Haines,
Paris : Charpentier, 1879, p. 151).
8. La tautologie est propre à traduire l'ineptie de celui qui n'est que
par les autres.

ouvertes... Parlez, que voulez-vous que je fasse pour vous ?... »
(12 : 183). La noblesse et la variété des occupations du philosophe sont amplifiées et exagérées pour constituer un poids considérable par rapport au manque d'importance réelle des activités
de l'homme d'affaires. N'est-ce pas qu'il pense ici à lui-même en
tant qu'auteur et qu'il veut ainsi faire un éloge indirect ? C'est
lui qui peut être *vu* (être lu ?). Quand il invite l'homme d'affaires
à venir dans la solitude de son cabinet où il le trouvera en train de
lire Platon sur des sujets particulièrement élevés, de calculer les
distances de Saturne et de Jupiter et enfin admirant « Dieu dans
ses ouvrages » et recherchant la vérité, c'est pour faire l'éloge de
l'écrivain pour qui la solitude est un moyen (paradoxal) d'être
connu. L'homme d'affaires est « un ours qu'on ne saurait appri-
voiser » ; l'homme de lettres est « trivial comme une borne au
coin des places » ; d'une part solitude de l'homme d'affaires
jouant à ne pas être vu, d'autre part celle de l'écrivain (philosophe) disponible, prêt à être vu, consulté, lu :

> ... il est vu de tous, et à toute heure, et en tous
> états, à table, au lit, nu, habillé, sain ou malade : il
> ne peut être important, et il ne le veut point être
> (12 : 183).

9) Le caractère de l'homme qui est vu partout (13 : 213-15),
est un des « caractères » les plus « animés » de l'œuvre : fait
surtout d'interrogations et d'énumérations, qui miment pour
ainsi dire l'ubiquité du personnage, où la grammaire encore est
la métaphore du personnage :

> Voilà un homme, dites-vous que j'ai vu quelque
> part... Est-ce au boulevard sur un strapontin, ou aux
> Tuileries ... ? Est-ce au sermon... ? etc.
> il paraît à une fenêtre de l'Hôtel de ville
> il a sa place à l'échafaud
> il assiste à leur audience (les ambassadeurs)
> il est à Ouilles
> il est à Achères...
> Quelle perte alors pour toute la ville (à sa mort) !
> Qui dira après lui : « Le Cours est fermé... » Qui
> annoncera un concert... Qui vous avertira que Beau-
> mavielle mourut hier... ? (13 : 213-14).

Même si tout le « caractère » fonctionne essentiellement au niveau ludique, ne pourrait-on pas y voir une sorte de décalque de l'auteur lui-même qui est aussi « spectateur de profession » ; c'est lui en fin de compte qui est ce curieux, ce personnage omniprésent. Au personnage se substitue partiellement mais fortement la présence de cet autre caractère, l'écrivain lui-même qui fait, dans une optique du difforme, son propre caractère. Toutes les actions du curieux ne sont pas littéralement applicables au travail de l'écrivain, mais c'est la multiplicité qui est signifiante, c'est l'ensemble qui transmet un sens.

Comme toujours, il y a dans les personnages de La Bruyère — mais d'une manière plus ostensible dans certains caractères, tels que celui que nous discutons maintenant — une étonnante présence de l'auteur comme fabricateur et comme amateur de personnages dont la vie n'est plus qu'un vain mécanisme. C'est les réduire à un niveau de nullité telle qu'ils ne subsistent que par leur présence sur la page — autre vanité, pourrait penser La Bruyère, comme Montaigne au début de l'essai *De la vanité* : « Il n'en est à l'aventure aucune plus expresse que d'en escrire si vainement »[9]. Écrire, dans cette optique, entre dans la série des activités proches des loisirs, dans une vie où tout est vanité. Dans la phrase qui résume tout le personnage-spectateur, « il ne fait rien de ce qu'un homme doit faire, il ne sait rien de ce qu'il doit savoir : mais il a vu, dit-il, tout ce qu'on peut voir » (13 : 214), on pourrait distinguer l'auteur lui-même, qui a vu tout ce qu'on peut voir, et ajoutons-y : tout ce qu'on peut écrire. Plus généralement, se dégage de ce portrait, parent d'une quantité d'autres dans les *Caractères,* un sens de la futilité de la vie, de toute vie ; la métaphore de l'homme dans sa condition d'inutilité — qui pourrait bien être la vision que La Bruyère avait de toute l'humanité.

10) Toujours dans un désir de simplicité syntaxique, qui est constant chez La Bruyère, le verbe est loin d'avoir une valeur d'ornement ; au contraire il sert à l'armature rigide du caractère. Ce « peintre » de la société semble éviter le pittoresque dans l'usage des verbes, et s'en tenir à ceux qui ont pour fonction de renforcer le résultat de son invention. La prépondérance des verbes les plus banals — *être* surtout, et puis aussi *savoir, avoir,*

---

9. III, ix, p. 922.

voir, etc. – indique un souci de proclamation de vérités fondamentales et stables[10].

Si le présent est le temps ordinaire du verbe chez La Bruyère,
c'est que l'intemporel est consubstantiel à son idée du caractère
et à la nouveauté qu'il entretient à chaque instant. Le verbe a
surtout pour fonction de présenter ce qui *est* (le présent éternel
du moraliste) figé dans un statut de type : Philémon est riche,
Ménalque est distrait, etc., de traduire un arrêt, un état, un résultat, ce qui convient à un sujet universel, qui doit paraître englo-
bant tout en restant clair et statique.

Ces verbes ne suffiraient pas à traduire une vérité qui se
cherche, des êtres qui évoluent selon des critères mystérieux de
reproduction de la complexité humaine, comme c'est le cas chez
Montaigne. Ils sont l'inévitable choix de celui qui reproduit dans
son texte des fantoches qui ne pensent pas, mais sont des décal-
ques d'une vie aussi vide qu'eux-mêmes. Parmi tant de personnages de ce genre, voici Celse :

> *Celse* est d'un rang médiocre, mais des grands le
> souffrent; il n'est pas savant, il a relation avec des
> savants; il a peu de mérite, mais il connaît des gens
> qui en ont beaucoup; il n'est pas habile, mais il a une
> langue qui peut servir de truchement... etc. (39 :
> 108-09).

11) Un pivot fréquent du caractère est fourni par des questions d'*évaluation,* de *dosage,* de *comparaison,* de *limitation* ou
d'*étendue,* jeu de balance comparable à ce qui fait l'essentiel de
la démarche de Montaigne dans les *Essais.* Toutes ces références
au nombre sont, simultanément à l'acte d'écrire, des métaphores
d'écriture toujours soigneusement mesurée et particulièrement
de l'écriture du « caractère » qui « limite » le sujet, qui est
« barrière », qui est ce qui contrôle et empêche qu'on aille
« outre », « hors », « au-delà » :

> *Télèphe* a de l'esprit, mais dix fois moins, de compte

---

10. Meleuc (« Structure de la maxime », p. 77) nous confirme la
prépondérance statistique du verbe *être* sur tous les autres verbes dans le
texte de La Bruyère.

fait, qu'il ne présume en avoir : il est donc, dans ce qu'il dit, dans ce qu'il fait, dans ce qu'il médite et ce qu'il projette, dix fois au delà de ce qu'il a d'esprit ; il n'est donc jamais dans ce qu'il a de force et d'étendue : ce raisonnement est juste. Il a comme une barrière qui le ferme, et qui devrait l'avertir de s'arrêter en deçà ; mais il passe outre, il se jette hors de sa sphère... il entreprend au-dessus de son pouvoir, il désire au delà de sa portée... (141 : 342-43).

Le caractère est ici une mise à nu de l'être qui ne se connaît pas et qu'on ne connaît pas, fantôme de lui-même, quasi inexistant, réduction à zéro d'un matériau de « caractère » — ici encore référence au nombre (anéanti), poids de l'indéfinissable :

... on voit clairement ce qu'il n'est pas, et il faut deviner ce qu'il est en effet. C'est un homme qui ne se mesure point, qui ne se connaît point ; son caractère est de ne savoir pas se renfermer dans celui qui lui est propre et qui est le sien (141 : 343).

12) L'écriture de La Bruyère constitue un commentaire sur son écriture même et ses intentions. En condamnant l'obscurité, la préciosité, le doute qui accompagne parfois la métaphore, il exprime ses préoccupations essentielles fondées sur un désir de clarté :

Que dites-vous ? Comment ? Je n'y suis pas ; vous plairait-il de recommencer ? J'y suis encore moins. Je devine enfin : vous voulez, *Acis*, me dire qu'il fait froid ; que ne disiez-vous : « Il fait froid » ? Vous voulez m'apprendre qu'il pleut ou qu'il neige ; dites : « Il pleut, il neige. » Vous me trouvez bon visage, et vous désirez de m'en féliciter ; dites : « Je vous trouve bon visage. » — Mais, répondez-vous, cela est bien uni et bien clair, et d'ailleurs qui ne pourrait pas en dire autant ? — Qu'importe, Acis ? Est-ce un si grand mal d'être entendu quand on parle, et de parler comme tout le monde ?... etc. (7 : 153-54).

Quand La Bruyère propose de « parler comme tout le monde », il expose le dilemme qui est au fond de l'écriture des *Caractères* : parler comme tout le monde, donc simplement et clairement, et pourtant se distinguer de tout le monde par une manière qui ne

peut pas être celle des autres, puisque les *Caractères* commencent
au moment où l'auteur relève ce qui est insolite, anormal et
constitue donc un « caractère ». D'une part, le poète en La
Bruyère a la volonté de dépasser le banal pour qu'il y ait écriture ;
le « caractère » commence là où la norme s'efface pour faire
place à l'exceptionnel, l'excentrique, voire le fantasque et le
grotesque ; c'est là qu'il prend la liberté d'être lui-même. D'autre
part, il souhaite pour d'autres une norme qui, pour lui, ne serait
guère productrice de texte. En spectateur, il peut dépouiller les
autres de tout privilège d'originalité et d'invention. Il les simplifie
à l'extrême pour exercer son pouvoir sur eux.

Le caractère d'Acis, dont La Bruyère accuse la recherche
et l'affectation de langage, est un parfait exemple de style épuré,
en mouvement, fait d'élan et d'esprit limpide. Mais, tout en
voulant − inconsciemment ? − donner à Acis un exemple d'expression nette et claire, il le fait dans un style qui est le résultat
d'un choix. Cette vive entrée en matière « Que dites-vous ? »,
sans préambule qui serait d'ordre explicatif, nous éloigne immédiatement d'un discours ordinaire, car il est suivi d'interrogations
qui fusent, présentées chaque fois avec une tournure différente :

> Comment ?
> vous plairait-il de recommencer ?
> que ne disiez-vous ?...

Ici La Bruyère est loin de parler comme tout le monde ; il parle
comme lui-même, parfaitement maître d'un style explosif et
limpide. Il fait certes indirectement le procès des métaphores
obscures, des périphrases, de tout ce qui éloigne d'un sens direct,
mais en le faisant il nie ce qui pourrait appartenir à la conversation, celle qu'il fustigeait ailleurs et dans laquelle il ne voyait que
du vide : « Si l'on faisait une sérieuse attention à tout ce qui se
dit de froid, de vain et de puéril dans les entretiens ordinaires,
l'on aurait honte de parler ou d'écouter, et l'on se condamnerait
peut-être à un silence perpétuel, qui serait une chose pire dans
le commerce que les discours inutiles » (5 : 152-53).

La Bruyère se force d'alléger son langage (au point de lui
donner une élégance qui est de style plus que de conversation)
pour l'opposer d'autant mieux et plus pertinemment au « pom-
peux galimatias » d'Acis, ses « phrases embrouillées », ses « grands

mots qui ne signifient rien » (7 : 154), à sa manie de vouloir avoir de l'esprit. Tout en encourageant Acis à parler comme tout le monde. La Bruyère nous donne un chef-d'œuvre qui ne peut être que d'un particulier. Pour produire l'écriture, il sait qu'il doit déformer ce qui est dit par tout le monde, a le faire entrer dans un mouvement poétique qui est loin du banal qu'il trouvait dans les « autres » conversations. Ce style n'a rien de parlé ; il se situe immédiatement dans les régions de la plus stricte épuration.

« Un caractère bien fade est celui de n'en avoir aucun » (1 : 152) : cette formule prend tout son sens quand on la situe au niveau de la « manière » de La Bruyère et du style qu'il choisit. Un caractère sans caractère ne peut être objet d'écriture ; celle-ci commence au moment d'une déviation hors d'une norme. Le particulier est ce qui occupe et intéresse La Bruyère ; il est avant tout amateur de style : style et caractère sont indissolubles. La seule étymologie le révèle : *stilus*, la pointe qui écrit, puis la marque particulière de l'écrivain ; caractère, du grec *kharaktêr*, signe gravé, empreinte, trait propre à une personne ou à une chose. L'idée de distinction, d'exception est ainsi à la base de son entreprise. Le choix du titre d'ailleurs, même s'il est de Théophraste, est l'indication d'une poétique du particulier.

13) L'opposition *extérieur-intérieur* est une des constantes de l'optique de La Bruyère ; elle lui permet d'établir un contraste plus ou moins systématique entre un dehors superficiel, d'emprunt souvent, et un dedans essentiel, où parfois règne pourtant le vide ou le vice. Ce qu'on voit de l'extérieur et ce qui nous séduit ou éblouit, n'appartient pas forcément à l'être ; le dehors conventionnel et social ne donne pas une vraie idée de la personne. La Bruyère dissocie ce qui est de l'individu et ce qui lui est ajouté : Philémon ne vaut que par sa parure ; dépouillé de toute qualité humaine, il ne reste de lui qu'un mannequin. Selon un constant procédé ironique, La Bruyère sépare l'extérieur qui peut être admiré, et la personne authentique qui ne peut l'être :

L'or éclate, dites-vous, sur les habits de *Philémon*.
— Il éclate de même chez les marchands. — Il est habillé des plus belles étoffes. — Le sont-elles moins toutes déployées dans les boutiques et à la pièce ? — Mais la broderie et les ornements y ajoutent encore la

magnificence. — Je loue donc le travail de l'ouvrier...
Vous m'inspirez enfin de la curiosité; il faut voir du
moins des choses si précieuses : envoyez-moi cet
habit et ces bijoux de Philémon; je vous quitte de la
personne (27 : 104).

Plus qu'à des métaphores, c'est à des comparaisons développées, comme dans l'exemple suivant, qui constituent des scènes,
que La Bruyère a recours; la comparaison l'emporte sur le comparé, l'explique et le situe, et prend la texture du « caractère ».
La comparaison est, parmi les tropes, celui qui convient au
genre des *Caractères,* portés sur l'être dans ses rapports avec un
extérieur, une société, la métaphore se référant à des ressemblances plus intérieures. Pour signifier qu'il ne faut pas trop se
renseigner sur la fortune des « partisans » (financiers qui prennent à terme le recouvrement des impôts), La Bruyère imagine
deux comparaisons : l'une avec les préparatifs pour un dîner
somptueux et l'autre avec tous les préparatifs qui précèdent un
spectacle, où il voit des saletés, des efforts, de la violence —
tout ceci pour signifier ce qui doit être fait pour aboutir à « la
fortune des partisans ». Le comparant est ici au niveau (logique)
du comparé, sans qu'il y ait un écart considérable entre les
deux. Nous sommes loin de « cette trajectoire incalculable »
qu'est la métaphore pour Hugo — chez La Bruyère la trajectoire
est calculée, prévue et prouvée dans ses détails :

Si vous entrez dans les cuisines, où l'on voit réduit
en art et en méthode le secret de flatter votre goût et
de vous faire manger au delà du nécessaire; si vous
examinez en détail tous les apprêts des viandes qui
doivent composer le festin que l'on vous prépare...
quelles saletés ! quel dégoût ! Si vous allez derrière
un théâtre, et si vous nombrez les poids, les roues,
les cordages, qui font les vols et les machines; si vous
considérez combien de gens entrent dans l'exécution
de ces mouvements... Quels efforts ! quelle violence !
De même n'approfondissez pas la fortune des partisans (25 : 187).

Le caractère « Un homme de petit génie » qui « peut vouloir
s'avancer » est un exemple semblable d'une comparaison envahissante, qui prend elle-même les proportions d'un caractère entier.
L'idée suscite l'image d'un voyageur qui remplace, quant à ses

proportions, le caractère original. Une scène se crée qui supplante le prétexte premier. La comparaison ne fait donc pas l'effet du plaqué ; elle est au contraire le texte même :

> Faut-il de si grands talents et une si bonne tête à un voyageur pour suivre d'abord le grand chemin s'il est plein et embarrassé, prendre la terre, et aller à travers champs, puis regagner sa première route, la continuer, arriver à son terme ?... (38 : 191).

Parfois, la présence du critique, fabricant de texte, est visible dans l'explication et la présentation de la comparaison[11]. Ici, elle est juxtaposée consciemment au lieu d'être inhérente au sujet, si bien qu'il arrive à l'auteur d'en commenter l'usage : « Si j'osais faire une comparaison entre deux conditions tout à fait inégales, je dirais... » (16 : 100). Ici donc, la comparaison fonctionne comme élément générateur prédominant et déterminant. C'est ainsi que le caractère est souvent proposé comme une énigme dont le lecteur doit être le décodeur. La Bruyère a compris que l'« agréable suspension » — pour employer la terminologie de Corneille — est un agent de temporisation particulièrement propre à laisser prévoir la fin dramatique qu'est une solution ou un dénouement. La Bruyère s'est donné comme but final et poétique la pointe ; le caractère, par sa structure, son développement et sa conclusion, devient un texte fermé qui a accompli son destin. La maxime, au contraire, malgré sa forme définitive, se pose comme point de départ de diverses lectures, de multiples interprétations. La maxime, apparemment rigide, est ainsi un exemple de souplesse. Le caractère, fondé sur le concret, et la maxime sur l'abstrait, finissent par se compléter en ce vaste texte cyclique.

14) Sous-jacente à cette œuvre essentiellement critique des apparences, des extérieurs qui ne recouvrent aucune substance, où il s'agit de soulever des masques, il y a l'idée du temps perdu. Toute l'humanité ne fait que perdre son temps dans des actions triviales, remplissant inutilement les jours, que prétendre vivre tout en ne faisant rien :

---

11. La Bruyère appelle les comparaisons de « faibles images et qui n'expriment qu'imparfaitement la misère de la prévention » (41 : 364), ce qui ne l'empêche pas d'y avoir recours.

Pénible coutume, asservissement incommode ! se chercher incessamment les unes les autres avec l'impatience de ne se point rencontrer ; ne se rencontrer que pour se dire des riens, que pour s'apprendre réciproquement des choses dont on est également instruite, et dont il importe peu que l'on soit instruite ; n'entrer dans une chambre précisément que pour en sortir ; ne sortir de chez soi l'après-dînée que pour y rentrer le soir, fort satisfaite d'avoir vu en cinq petites heures trois suisses, une femme que l'on connaît à peine, et une autre que l'on n'aime guère ! (20 : 217-18).

Mais ces réflexions sur le temps qui se perd — « Qui considérerait bien le prix du temps et combien sa perte est irréparable, pleurerait amèrement sur de si grandes misères » (20 : 218) — ne sont-elles pas celles de l'écrivain qui, quant au texte possible — la grande œuvre, un roman, une tragédie, le chef-d'œuvre qui donnerait pleinement l'impression de surgir d'une vigoureuse conception — perd partiellement son temps dans des fragments, des bribes de pensées, des esquisses de portraits, qui sont comme un pis-aller, le regret marqué sur la page de l'œuvre qui se cherche et ne se fait pas ? Il peut penser ne pas vivre sa propre vie, en être seulement témoin ou spectateur, la juger en critique. C'est essentiellement le drame de tout critique, dont Sainte-Beuve est le plus véritable exemple : spectateur de sa vie, de la vie des autres, de la religion des autres, de la littérature des autres et de soi-même conçu comme un *autre*.

La Bruyère rend compte du temps par l'exemple du menu ; ses caractères maniaques n'adorent que les oiseaux, une tulipe, une société rare et choisie, ne saisissent en aucun temps la vie dans son mouvement, ne l'éprouvant que dans son vide, dans ses futiles détails. Le détail intervient ici comme en poésie pour corroborer l'universel, pour en donner une idée par le fragment — coupures dans le flux du temps plus qu'abandon à ses charmes. Ainsi le temps, concept abstrait, est illustré ; il se pressent dans des fragments qui n'ont que le sens immédiat de défaite scripturale et de rupture. L'écrivain au XVIIe siècle, déterminé par le contexte de son époque, vise au thème de l'universel. De là les maximes, les pensées détachées, les réflexions à bâtons rompus, qui sont toutes à l'image d'un temps qui s'effrite et se perd. Les « caractères » soutiennent la maxime, lui donnent une étendue, mais se référant à des particularités, des manies, ils peuvent être considérés comme des métaphores du temps universel, conçu peut-être dans cette optique comme une vaste perte. Ceci illustre l'attitude de La Bruyère — tout, si ce n'est le style peut-être, serait marqué du sceau de la vanité.

IV. JEUX INTERTEXTUELS

L'œuvre de La Bruyère, fondée fréquemment sur des souvenirs de lecture, se situe dans un milieu d'interférences textuelles. D'abord, pour le choix du « caractère », il a comme modèle l'exemple de Théophraste. Ne pourrait-on pas comparer La Bruyère à La Fontaine, qui crée plus qu'il ne reçoit, qui reprend aux Anciens un genre relativement mineur et finit par lui donner une ampleur et une force inespérées ? Ses pages sur la vie de Théophraste (comme celles de La Fontaine sur Ésope) attribuent à ce genre essentiellement scolaire des qualités littéraires qui proviennent davantage de l'imagination et de l'interprétation de l'auteur. Théophraste figure à la fois comme pré-texte et prétexte, annonçant et en même temps amorçant le livre à venir. Plutôt que d'imiter Théophraste, il aura voulu, en partant de ce tremplin, assurer sa propre originalité.

Il importe ici de s'interroger sur la valeur de la traduction de La Bruyère par rapport au texte original. « A parler franc, dit Octave Navarre dans l'introduction de son édition des *Caractères* de Théophraste, la version de La Bruyère est fort médiocre et défigure fâcheusement l'original. Chose étrange, cet écrivain ailleurs si net, si incisif, si pittoresque, perd ici toutes ses qualités. Rien de plus lâché, de plus traînant que cette traduction »[1]. Thibaudet corrige ainsi ce jugement sommaire : « La traduction de La Bruyère avait beau être du mauvais La Bruyère (le XVIIe siècle ne nous a d'ailleurs laissé aucune bonne traduction, entre le XVIe siècle d'Amyot et le XVIIIe de Dacier, et l'on ne saurait rien imaginer de moins platonicien que l'élégante et peu fidèle

_____

1. Théophraste, *Les Caractères*, édités par Octave Navarre, Paris : Les Belles Lettres, 1920, pp. 5-7. Voir aussi Octave Navarre, « Théophraste et La Bruyère », *Revue des Études grecques*, 35 (1914), 384-440.

version du *Banquet* par Racine qui pourtant savait profondément le grec), elle nous semblait pourtant déjà du La Bruyère. Mais le premier effet d'une traduction directe et fraîche, face au texte qu'elle transpose exactement, est d'accentuer les différences et de creuser un fossé entre les deux livres. Et ce premier effet n'est pas tout à fait trompeur »[2]. Quand on compare les deux textes en question, on est frappé immédiatement par le fait que la traduction de La Bruyère est une réécriture.

Cependant, il est inévitable que Théophraste ait eu une forte influence sur La Bruyère. Quand il écrit « Tout est dit... », il pouvait en particulier penser à Théophraste qui a été pour lui un modèle. Il ne pouvait pas l'avoir traduit sans en être imprégné. Théophraste commence chaque caractère par une définition, qui est donc, par rapport au texte, l'équivalent d'une maxime; il la fait suivre par des « portraits » qui consistent en une accumulation d'éléments — la plupart péjoratifs —, d'une avalanche d'équivalents synonymiques. C'est ainsi que procède La Bruyère. Il partage aussi avec Théophraste le goût des détails « réalistes », mais il se distingue de lui en ceci, qu'il tombe dans la caricature et qu'il force parfois le portrait et le rend ainsi grotesque. La Bruyère part donc de sources livresques; il introduira certes dans ses caractères ce qui proviendra de son observation, de son interprétation, mais le cadre, il l'aura emprunté et sa propre écriture s'en ressentira : dès ses premiers pas, elle sera contaminée par un exemple.

Le germe de l'accumulation invraisemblable de « faits » de distraction dans la présentation de Ménalque se trouve chez Théophraste. Dans *De la stupidité*, pour ne prendre qu'un exemple, l'homme stupide présente des traits qui conviendraient parfaitement au distrait :

> S'il (l'homme stupide) est obligé de paraître dans un jour prescrit devant ses juges pour se défendre dans un procès que l'on lui fait, il l'oublie entièrement et part pour la campagne... Il cherche ce qu'on vient de lui donner, et qu'il a mis lui-même dans quelque endroit, où souvent il ne peut le retrouver. Lorsqu'on

---

2. Albert Thibaudet, « En lisant Théophraste », *Revue critique des idées et des livres,* 30 (1920), 678.

l'avertit de la mort de l'un de ses amis afin qu'il assiste
à ses funérailles, il s'attriste, il pleure, il se désespère,
et prenant une façon de parler pour une autre : « A
la bonne heure », ajoute-t-il; ou une pareille sottise...
On le voit quereller son valet, dans le plus grand froid
de l'hiver, pour ne lui avoir pas acheté des concom-
bres... (p. 39).

On pourrait grouper la plupart des remarques de Théophraste
sous la rubrique : bêtise et vanité de l'homme. Il s'attache en
effet, comme La Bruyère lui-même, aux marques extérieures
de l'homme dans la société : *De la dissimulation, De la flatterie,
De l'impertinent ou du diseur de rien, De la rusticité, Du complaisant, Du grand parleur, De l'impudent, De l'air empressé,
D'un homme incommode, De la sotte vanité, De l'ostentation,
De l'orgueil, De la médisance,* etc. Théophraste cependant vise
à des définitions plus qu'à de véritables portraits, définitions
qui serviront parfois de points de départ aux illustrations de
La Bruyère.

Sur ce sujet d'intertextualité admise, La Bruyère s'exerce,
s'ingénie à distinguer ce qui est aux autres et ce qui lui appartient.
Chez lui nous sommes ainsi dans les zones du métalangage :
il ne s'agit pas seulement de dire, mais de s'analyser dans l'acte
de dire ou de ne pas dire. Quand il examine le sujet de la « copie » autorisée chez un écrivain, il discerne les limites de ce
droit et de ce privilège. Pour celui qui est « né copiste » (69 :
94), il y a des terrains défendus; il peut se permettre de choisir
comme modèle les ouvrages « où il entre de l'esprit, de l'imagination ou même de l'érudition » (64 : 94), mais il doit éviter d'imiter « ceux qui écrivent par humeur et que le cœur fait parler »
(64 : 94). La Bruyère pèse ainsi ce qui est inimitable chez un
écrivain de génie et ce qui provient, chez les écrivains érudits,
de sources superficielles. Cette faculté de se juger par rapport
aux autres est l'apanage des natures critiques, doutant de leur
propre talent ou de leur génie. Ils sont producteurs d'un texte
calqué sur celui des autres; leur pensée a besoin, pour se déployer, d'une œuvre à admirer ou à condamner : leur création
est une greffe.

Il est moins important de savoir dans le détail comment
La Bruyère repense les arguments de Descartes ou de Pascal

par exemple, que de se rendre compte qu'ils sont reformulés selon les exigences de sa propre écriture. Ce qu'on trouve chez lui quant aux thèmes qu'il leur emprunte, c'est la conscience d'un *manque* (de religion dans son siècle, de la grande éloquence), conçu par rapport à un idéal de perfection. Dans le chapitre *Des esprits forts* la part du « déjà dit » est prépondérante. Certaines de ses remarques sont tirées de Montaigne, Descartes, Pascal et présentées comme s'il y participait à peine : ici le copiste prend le dessus sur le critique.

Parmi les textes qui précèdent La Bruyère dans le genre « maxime », l'exemple de La Rochefoucauld est primordial, et il aurait très bien pu déterminer l'auteur des *Caractères* dans le choix de cette forme pour une partie de son œuvre. Quand La Bruyère se situe par rapport à lui dans sa préface, c'est pour dire qu'il n'a pas assez d'autorité ni de génie pour « faire le législateur » (p. 64), mais il lui arrive de reprendre et de repenser certaines observations de La Rochefoucauld sous une forme plus variée et plus ample. Alors que La Rochefoucauld vise aux « lois » de la morale, La Bruyère tend à les interpréter et à les remettre en mouvement. Par là il se trouve plus près de Montaigne et de Pascal qui, eux, s'efforcent de concrétiser leur pensée et de lui conférer plus de nuances et de volume.

En ce qui concerne les portraits, La Bruyère a eu comme exemple les salons où l'on y « jouait », mais à la différence de ceux-ci, fondés sur l'observation, ceux de La Bruyère proviennent pour la plupart de l'imagination et se réfèrent à des « idées » plutôt qu'à des personnes, c'est-à-dire à des réalités intelligibles qui synthétisent et unifient une quantité indéfinie de traits divers.

De plus, le critique littéraire qu'il est à l'occasion se situe par rapport aux écrivains qu'il discute. Corneille peignant les hommes tels qu'ils devraient être est un exemple pour l'entreprise de La Bruyère, qui pourrait procéder d'un désir de réformer la société, de souhaiter pour elle des êtres plus parfaits et plus purs. La Bruyère aurait pu désirer, comme Racine, peindre les hommes comme ils sont, sauf que son écriture particulière l'a entraîné vers l'extravagance que suppose toute écriture originale. Il reprend et corrige Molière, surtout dans le portrait d'Onuphre, mais aussi sans doute dans tous ces portraits de maniaques où il vise à une représentation plus nette du vice ou de la folie. Onuphre est considéré par La Bruyère lui-même comme une correction de Tartuffe, une réécriture du personnage de Molière vu dans l'optique de l'auteur de « caractères », c'est-à-dire de l'« abstracteur de quintessence » qu'est La Bruyère lorsqu'il s'agit de dégager et d'isoler un aspect particulier. L'intention de rectifier le portrait de Molière est nettement indiquée par des références textuelles précises et, d'une façon indirecte peut-être, dans le nom d'Onuphre, anagramme imparfaite de Tartuffe. La Bruyère, pensant à chaque étape à définir sa manière, procède à une critique du dramatique, du personnage conçu pour la scène, qui ne reste donc plus tout à fait sous le contrôle de l'auteur. D'après le caractère d'Onuphre, on pourra voir la démarche du genre « caractère » et l'opposer plus nettement à celle du genre dramatique.

Onuphre est un personnage fermé sur lui-même, mais recherchant la société pour être vu. Tartuffe, au contraire, s'impose à la société, représentée dans la pièce par la maison d'Orgon dans laquelle il « fait le maître ». Rien de secret dans sa démarche ; il est transparent et évident pour le public, mais dans la trame, il est vu selon les points de vue divers des membres de la famille ; d'une part, il réussit à duper et à dominer Orgon et Mme Pernelle ; d'autre part, il est ouvertement dénoncé par Dorine et Cléante. Par là le personnage acquiert des proportions et des dimensions dynamiques qui lui sont niées dans le portrait unilatéral et essentiellement statique de La Bruyère.

Pour La Bruyère, Tartuffe est, en tant qu'hypocrite, un personnage raté, qui n'a pas su réussir. L'un et l'autre auteur ont forcé leur manière, l'un pour produire un portrait vraisemblable, donc peu susceptible d'être dramatique, et l'autre qui, à force d'invraisemblance, crée un personnage capable d'animer l'action dramatique en cinq actes. L'entrée en scène de Tartuffe (après deux actes de préparation où il ne paraît pas, mais où il ne s'agit que de lui) est particulièrement éclatante. Onuphre est dans le « caractère » dès la première ligne, seul chez lui, sans interlocuteurs ni spectateurs. La Bruyère imagine un personnage double, donc un *vrai* hypocrite, et reproche à Tartuffe de ne pas être suffisamment habile pour cacher son jeu : « Il ne dit point : *Ma haire et ma discipline,* au contraire ; il passerait pour ce qu'il est, pour un hypocrite, et il veut passer pour ce qu'il n'est pas, pour un homme dévot » (24 : 406-07).

Onuphre provient d'intentions critiques très différentes de celles de Molière à l'égard de Tartuffe. Quand La Bruyère remarque qu'Onuphre ne dit pas « ma haire et ma discipline », il prend le contrepied du dramaturge qui fait dire à Tartuffe, dès son entrée en scène — et créant par là un fulgurant effet dramatique — : « Laurent, serrez ma haire avec ma discipline ». La Bruyère vise à un caractère plus juste, plus vraisemblable, mais qui reste inerte à chaque phrase [3]. Les différences et ressemblances phoniques de leurs noms respectifs indiquent leur statut; ils se ressemblent par certains aspects, mais divergent par leur présentation globale. La Bruyère n'aurait-il pas choisi expressément ce nom d'Onuphre pour indiquer un bouleversement dans le traitement du thème de l'hypocrisie ? Phoniquement, Onuphre est un faux Tartuffe, quant à celui que Molière a campé. Il n'y aura pas de contradiction chez Onuphre entre l'être et le paraître, le masque et la nature; il y aura une parfaite conformité entre ses intentions et ses actions, ce qui lui permettra d'éviter les fautes de Tartuffe :

> S'il se trouve bien d'un homme opulent, à qui il a su imposer, dont il est le parasite, et dont il peut tirer de grands secours, il ne cajole point sa femme, il ne lui fait du moins ni avance ni déclaration; il s'enfuira, il lui laissera son manteau, s'il n'est aussi sûr d'elle que de lui-même. Il est encore plus éloigné d'employer pour la flatter et pour la séduire le jargon de la dévotion; ce n'est point par habitude qu'il le parle, mais avec dessein, et selon qu'il lui est utile, et jamais quand il ne servirait qu'à le rendre très ridicule (24 : 408).

Onuphre est conçu abstraitement, selon des lois logiques, plutôt que considéré dans un flux de vie possible; il est calqué

---

3. Selon Sainte-Beuve, il s'agit d'une réécriture systématique : « Chaque trait de Molière est de la sorte effacé et remplacé par un autre contraire, ou, du moins, il se trouve redressé et comme remis dans la ligne exacte du réel. Mais c'est bien moins là une critique, à mon sens, qu'une ingénieuse reprise et une réduction du même personnage à un autre point de vue, au point de vue du *portrait* et non plus à celui de la *scène*. Ainsi, pour être plus vrai, plus réel, l'hypocrite de La Bruyère, par moments, *sourit* ou *soupire*, et *ne répond rien*; c'est parfait, c'est fin; mais cela n'irait pas longtemps avec un tel jeu de théâtre » (*Port-Royal*, éd. Maxime Leroy, Paris : Gallimard, Bibliothèque de la Pléiade, 1954, t. II, p. 273).

sur l'exemple de Tartuffe, mais vidé de ce qui le rend humain et comique. C'est comme si le personnage de Molière avait mal appris sa leçon et que le caractère de La Bruyère voulait le lui rappeler. Devant affirmer son originalité par rapport aux écrivains de son temps, il est allé dans une voie diamétralement opposée : il a volontairement renoncé à la manière ouverte du dramaturge pour soumettre son personnage à un examen microscopique. La critique de Molière n'est sans doute pas directe, comme elle l'est chez La Bruyère :

> Il ne pense point à profiter de toute sa succession, ni à s'attirer une donation générale de tous ses biens, s'il s'agit surtout de les enlever à un fils, le légitime héritier : un homme dévot n'est ni avare, ni violent, ni injuste, ni même intéressé... aussi ne se joue-t-il pas à la ligne directe, et il ne s'insinue jamais dans une famille où se trouvent tout à la fois une fille à pourvoir et un fils à établir (24 : 409).

Ce portrait d'Onuphre trouve bien sa place dans le défilé des maniaques de l'œuvre. Voici, dans la galerie des personnages extravagants de La Bruyère, un amateur de dévotion. Onuphre cultive son personnage avec l'intensité et le narcissisme d'un spécialiste ; il est celui qui vise à être le parfait hypocrite, l'hypocrite en soi. En lui on trouve à chaque instant l'auteur La Bruyère à l'œuvre ; son personnage se voit se voyant, se juge dans les moindres détails, s'analyse dans toutes ses démarches. Ce qui en résulte, c'est un hypocrite de laboratoire, vraisemblable selon les exigences d'un procédé analytique, mais invraisemblable quant à l'expérience et aux circonstances réelles de la scène[4].

Le portrait d'Onuphre tout entier n'est arrivé au stade du texte écrit que par la comparaison avec Tartuffe. L'hypocrite de La Bruyère est pensé, conçu tout entier en fonction de l'autre. On pourrait supposer que la plupart des traits accumulés qui le composent proviennent du texte de Molière, mais revu et corrigé par La Bruyère. Si le portrait est statique, frappé, dirait-on d'inertie, c'est qu'il procède du livresque. Sainte-Beuve nous fait remarquer que La Bruyère transpose Molière et le ramène

---

4. Onuphre, sur la scène, ne serait-il pas plutôt un personnage de drame, dans le genre des *Corbeaux* de Becque ?

au point de vue du réel : « Molière avait fait l'œuvre inverse, la création, l'assemblage vivant. Les petites inconséquences du *Tartuffe*, il les a toutes saisies, il n'a fait grâce à aucune et son Onuphre est irréprochable »[5]. Nous avons ici un phénomène d'intertextualité, mais où intervient un critique s'intéressant aux renversements de valeurs. Tout est pesé et prévu — alors que Tartuffe agit dans le milieu animé et imprévisible de la comédie, La Bruyère fait consciemment l'étude d'un personnage de théâtre pour en faire un personnage de texte. On pourrait voir, sous-entendue dans le portrait, une critique du genre théâtre et un éloge du caractère. N'essaie-t-il pas de rivaliser avec Molière, mais dans une optique contraire ? Il oppose au dramaturge de génie le critique qui se voudrait de génie. Il s'affirme ainsi en tant qu'écrivain, comme Sainte-Beuve en face des poètes avec qui il a dû renoncer de rivaliser, par une critique à laquelle il donne l'intensité qui aurait pu appartenir à l'œuvre poétique.

La Bruyère paraphrase Montaigne dans un passage où il prétend faire sien ce qu'il a lu et emprunté : « Horace ou Despréaux l'a dit avant vous. — Je le crois sur votre parole ; mais je l'ai dit comme mien. Ne puis-je pas penser après eux une chose vraie, et que d'autres encore penseront après moi ? » (69 , 95). Curieux phénomène de double intertextualité : La Bruyère s'attribuant les privilèges de l'imitateur au moment où il imite. La différence pourtant entre l'imité et l'imitateur, c'est que La Bruyère dit d'une manière plus immédiate et plus dépouillée ce que Montaigne avait enveloppé dans la magnificence de ses images : « Les abeilles pillotent deçà delà les fleurs, mais elles en font après le miel, qui est tout leur ; ce n'est plus thin ny marjolaine : ainsi les pieces enpruntées d'autruy, il les transformera et confondera pour en faire un ouvrage tout sien, à sçavoir son jugement »[6]. Dans sa version de la même pensée, La Bruyère se trouve plus proche du style de cet autre passage de Montaigne : « La vérité et la raison sont communes à chacun, et ne sont non plus à qui les a dites premierement, qu'à qui les dict après. Ce n'est non plus selon Platon que selon moy, puis que luy et moi l'entendons et voyons de mesme »[7]. La Bruyère affirme donc

5. G. Michaut, « Le "La Bruyère" de Sainte-Beuve, p. 714.
6. Montaigne, I, xxvi, pp. 150-51.
7. Montaigne, I, xxvi, p. 150. La Bruyère reprend nettement le thème de Montaigne : « faire sien ».

son droit à l'imitation par un exemple d'imitation.

Le phénomène d'intertextualité le plus évident dans les *Caractères* est précisément le dialogue sous-jacent qui se poursuit entre Montaigne et La Bruyère[8]. Ils se rencontrent par cette démarche semblable qui est la pesée : il s'agit chez les deux auteurs d'une évaluation constante de tout sujet. Les *Caractères* pourraient être considérés comme des *Essais*, mais qui, au lieu d'évoluer et de se développer, comme chez Montaigne, s'exercent dans un espace restreint, toujours clairement délimité. Montaigne laisse dans son texte les traces de sa démarche tandis que La Bruyère ne nous donne que la forme définitive de sa pensée ; chez Montaigne, le sujet reste enveloppé de doute, alors que chez La Bruyère il éclate dans la lueur d'une solution. La pesée est chez tous deux la caractéristique d'une écriture dépendant de la conscience de son fonctionnement ; ce n'est pas seulement un sujet qui est pesé, mais l'auteur devant ce sujet dont le jugement s'essaie sur tout propos.

Parmi de nombreux exemples, voici un court fragment du *Mérite personnel* (31 : 105-06) qui est fait tout entier de la « délicate » « distinction entre le héros et le grand homme ». Par l'analyse de nuances, La Bruyère en arrive à penser que « peut-être... Alexandre n'était qu'un héros, et que César était un grand homme ». Le chapitre *Du mérite personnel* appelle, par la nature du thème, une telle démarche, tout entière déterminée par l'idée de pesée, comme cela est clairement indiqué dans le fragment suivant : « Il semble que le héros est d'un seul métier, qui est celui de la guerre, et que le grand homme est de tous les métiers, ou de la robe, ou de l'épée, ou du cabinet, ou de la cour : l'un et l'autre mis ensemble ne pèsent pas un homme de bien » (30 : 105). Ce procédé de division et de contraste est le moteur véritable du texte ; l'oscillation est visible au point de

---

8. « Les statistiques ne pourraient évidemment pas offrir de conclusion valable sur ce que La Bruyère doit à Montaigne. Cependant, il est significatif que dans la première édition des *Caractères*, une quarantaine d'alinéas sur 420 avaient quelque rapport évident avec les *Essais*. Cela fait presque dix pour cent, une remarque sur dix, peut-être même une page sur dix, ce qui est considérable dans un volume. Sur mille cent vingt alinéas de la dernière édition, quatre-vingt ou plus doivent quelque chose aux *Essais* » (Louis Hudon, « La Bruyère et Montaigne », *Studi Francesi*, 17 (1962), 222).

dominer tout le passage dont le seul sujet est une opposition, celle de l'homme de cour que l'on prend pour un « docteur » et celui qui est humblement « enseveli dans le cabinet » et que l'on appelle simplement docte. La pesée chez La Bruyère est ainsi la constante d'une écriture qui s'examine et qui, même si elle se nourrit de contrastes, reste uniforme et serrée.

Une des premières remarques du chapitre *De l'homme* constitue une table rase : « Un homme inégal n'est pas un seul homme, ce sont plusieurs... » (6 : 298). Ici La Bruyère semble procéder selon une formule contraire à celle qui préside à ses « caractères » où il simplifie pour aboutir au portrait d'un individu unique. L'homme multiple est donc vu dans cette optique sous un angle péjoratif; il ne ressemble pas à ces caractères qui sont de sa part de pures créations. Quand il parle de celui qui « est à chaque moment ce qu'il n'était point » et qui « va être bientôt ce qu'il n'a jamais été » (6 : 298), il se réfère non pas à une personne qu'il aurait vue, mais semble faire allusion plutôt – probablement sans le savoir – à l'homme vu par Montaigne : « Ne demandez pas de quelle complexion il est, mais quelles sont ses complexions; ni de quelle humeur, mais combien il a de sortes d'humeurs » (6 : 298).

Le portrait généralisé des hommes du chapitre *De l'homme* (18 : 307-08) pourrait passer pour une imitation de Montaigne. En effet, l'homme qui « ne se peut définir » est celui que Montaigne cherche à cerner dans de nombreux méandres, tout au cours des *Essais*, plus que l'homme des *Caractères* dont La Bruyère dégage des traits uniques. Tout en se rendant compte du fond d'irrésolution, de variété, d'inconstance parmi les hommes, La Bruyère se détache en général de ces complexités pour viser à un portrait épuré d'un spécimen humain [9] :

---

9. Il est curieux que La Bruyère ne parle qu'indirectement de Montaigne dans *Des ouvrages de l'esprit* pour dire qu'il ne lui trouve pas que des qualités; il dissimule son opinion à travers le jugement qu'il fait de deux écrivains critiques de Montaigne (qui pourraient être, selon les « clefs », Nicole et Malebranche) : « Deux écrivains dans leurs ouvrages ont blâmé Montaigne, que je ne crois pas, aussi bien qu'eux, exempt de toute sorte de blâme : il paraît que tous deux ne l'ont estimé en nulle manière. L'un ne pensait pas assez pour goûter un auteur qui pense beaucoup; l'autre pense trop subtilement pour s'accommoder de pensées qui sont naturelles » (44 : 82).

Tout est étranger dans l'humeur, les mœurs et les manières de la plupart des hommes. Tel a vécu pendant toute sa vie chagrin, emporté, avare, rampant, soumis, laborieux, intéressé, qui était né gai, paisible, paresseux, magnifique, d'un courage fier et éloigné de toute bassesse : les besoins de la vie, la situation où l'on se trouve, la loi de la nécessité forcent la nature et y causent ces grands changements. Ainsi tel homme au fond et en lui-même ne se peut définir : trop de choses qui sont hors de lui l'altèrent, le changent, le bouleversent ; il n'est point précisément ce qu'il est ou ce qu'il paraît être (18 : 307-08).

Dans *De l'homme*, il semble que La Bruyère, sollicité par son sujet, vise à plus de profondeur et de subtilité qu'il ne le fait dans des chapitres du genre *De la mode*. Il y a ici indubitablement un effet de mimésis : le sujet agit sur le style. C'est d'ailleurs dans ce chapitre que La Bruyère est le plus proche de Montaigne ; il le pastiche copieusement, mais sans l'avouer – les commentateurs ont beau jeu pour y discerner ses sources[10]. C'est par ces remarques qu'il rejoint le mieux ses grands contemporains Pascal et La Rochefoucauld, eux aussi imprégnés de Montaigne. Ici La Bruyère, en général amateur du particulier, joint, par un constant jeu d'intertextualité, et ses prédécesseurs et ses contemporains.

Le pastiche que La Bruyère fait de Montaigne en l'avouant – « Montaigne *dirait*... » (30 : 162) – nous éclaire sur sa manière. Peut-être aurait-il pu écrire dans un style parent de Montaigne, mais ses tendances à souhaiter la perfection, à émonder, à éclaircir les voies de l'expression, à être précis, à livrer ouvertement les secrets de sa démarche, à viser au définitif, tout ce qui constitue l'essentiel de son intention, l'éloigne de Montaigne. Cependant, par le fond, ils présentent de nombreuses ressemblances. Comme La Bruyère relève chez les hommes leurs manies, ici, dans ce pastiche de Montaigne, il s'en prend à celles d'un style et le traite à la manière d'un « caractère » qu'il aurait lui-même dessiné. Ainsi il révèle sa propre nature de critique, c'est-à-dire

---

10. Voir, pour une quantité considérable de remarques proches de celles d'autres auteurs, de Montaigne et de La Rochefoucauld notamment : « Les hommes parlent de manière... » (67 : 319-20).

sa tendance à exposer les failles chez les autres :

> Je n'aime pas un homme que je ne puis aborder le premier, ni saluer avant qu'il me salue, sans m'avilir à ses yeux, et sans tremper dans la bonne opinion qu'il a de lui-même. MONTAIGNE dirait : *Je veux avoir mes coudées franches, et estre courtois et affable à mon point, sans remords ne consequence. Je ne puis de tout estriver contre mon penchant, et aller au rebours de mon naturel, qui m'emmeine vers celuy que je trouve à ma rencontre. Quand il m'est égal, et qu'il ne m'est point ennemy, j'anticipe sur son acceuil, je le questionne sur sa disposition et santé, je luy fais offre de mes offices sans tant marchander sur le plus ou sur le moins, ne estre, comme disent aucuns, sur le qui vive. Celuy-là me desplaist, qui par la connoissance que j'ay de ses coutumes et façons d'agir, me tire de cette liberté et franchise. Comment me ressouvenir tout à propos, et d'aussi loin que je vois cet homme, d'emprunter une contenance grave et importante, et qui l'avertisse que je crois le valoir bien et au delà ? pour cela de me ramentevoir de mes bonnes qualitez et conditions, et des siennes mauvaises, puis en faire la comparaison. C'est trop de travail pour moy, et ne suis du tout capable de si roide et si subite attention; et quand bien elle m'auroit succedé une première fois, je ne laisserois de flechir et le dementir à une seconde tâche : je ne puis me forcer et contraindre pour quelconque à estre fier* (30 : 162-63).

Les quelques lignes de La Bruyère sur la manière d'affronter les gens et le pastiche fondé sur la prolixité et l'intensité de Montaigne situent deux générations d'écrivains : La Bruyère s'exprimant sans développement ni enjolivure et Montaigne évitant cette clarté même en l'enveloppant dans une série d'images, de phrases synonymiques. D'un côté, la limpidité même, surface lisse n'admettant aucune surcharge; de l'autre, une écriture épaisse, variée, repliée sur elle-même et ne perdant pas le sens de ses profondeurs. Ne pourrait-on pas voir ici quelques éléments de satire atténuée, nuancée ? Ce que La Bruyère dit en son nom pourrait passer pour un exemple du style qu'il opposerait à celui de Montaigne aux dépens duquel il s'amuse[11].

---

11. Voir cependant les remarques de Gérard Genette : « Je ne vois

La Bruyère livre sa pensée d'abord dans *son* style et la phrase dit tout ce qu'il veut dire; les nuances autour de ce thème n'ont pas eu l'occasion de fleurir. Il relèvera chez Montaigne ce qui lui est donc particulier et qui ne serait pas possible dans l'optique de sa propre écriture. Quand il dit : « Je n'aime pas un homme que je ne puis aborder le premier ni saluer avant qu'il me salue, sans m'avilir à ses yeux, et sans tremper dans la bonne opinion qu'il a de lui-même », son aveu reste au niveau du social : il s'agit d'une rencontre inégale. Qui sait si La Bruyère n'a pas recours à Montaigne — sous le déguisement du pastiche — pour dissimuler et en même temps étoffer sa pensée à lui, qui aurait pu lui paraître d'une certaine platitude ? En effet, d'innombrables jeux d'intentions sont possibles dans le cadre d'une écriture telle que celle des *Caractères* : critiquer les autres, mais aussi les utiliser, créer des distances entre le moraliste et ses auteurs, mais tout en demandant à ces distances d'être fructueuses.

Il faudrait voir dans le pastiche de La Bruyère ce qui est nettement « personnel », révélation de son for intérieur. Ceci est rendu difficile par la pudeur de celui qui s'est voulu critique des autres plus que de lui-même et par le fait qu'il y a peu de « sentiments » directement exprimés. Ce qui ressort des remarques de La Bruyère, c'est un être qui existe par les autres, qui n'est lui-même que dans le geste scriptural. On sait qu'on parle peu de soi-même au XVIIe siècle, que le « moi est haïssable »,

---

rien, dans cette imitation si fidèle, qu'on puisse imputer à satire, et le chapitre *Des ouvrages de l'esprit* ne contient rien qui corrobore une telle lecture. Mais les lecteurs classiques de La Bruyère n'étaient pas disposés à l'entendre ainsi : pour eux, il allait de soi que l'imitation plaisante devait, ou *ne pouvait que* s'en prendre aux " défauts " d'un style. Marmontel, qui cite cette page, l'assortit d'un commentaire caractéristique : " Voilà certainement bien le langage de Montaigne, mais diffus, et tournant sans cesse autour de la même pensée. Ce qui en est difficile à imiter, c'est la plénitude, la vivacité, l'énergie, le tour pressé, vigoureux et rapide, la métaphore imprévue et juste, et plus que tout cela le suc et la substance. Montaigne cause quelquefois nonchalamment et longuement; c'est ce que La Bruyère en a copié, le défaut ". Autrement dit, La Bruyère ne pouvait imiter chez Montaigne, comme Boileau chez Chapelain ou Crébillon chez Marivaux, que le travers caractéristique — ici, la prolixité » (*Palimpsestes. La Littérature au second degré*, Paris : Seuil, 1982, p. 107).

et on pourrait se demander si l'observation de La Bruyère n'est pas une traduction ou une adaptation de la pensée de Montaigne, s'il ne s'agit donc pas de juxtaposer deux manières de dire la même chose plus qu'il n'est question d'une réaction vraiment authentique. Donc le pastiche de Montaigne est un moyen de peupler son œuvre, de lui donner un peu du volume qu'elle n'a pas ou ne veut pas avoir. La Bruyère s'est vêtu de la peau du lion.

Je veux avoir mes coudées franches... La volonté est ici trop affirmée pour être de Montaigne. Le pastiche commence par une détermination qui lui est étrangère; c'est ce côté affirmatif qui va être pastiché par La Bruyère, peut-être pour en être critique et juge. Remarquez que La Bruyère dit qu'il « n'aime pas un homme », alors qu'il fait dire à Montaigne « Je veux avoir mes coudées franches », changeant par là le point de vue du locuteur qui, au lieu de porter son jugement sur l'autre, le dirige vers lui-même − « *mes* coudées » plutôt qu'« un homme », désignation évidemment impersonnelle −, signalant par là tout ce qui caractérise l'attitude sociale de son temps par rapport au moi de Montaigne : trop de complaisance de la part de Montaigne vis-à-vis de lui-même, de ses aises, trop soucieux d'être libre autant que possible et à tout prix − par là l'image de l'égoïste, du Narcisse replié sur lui-même et n'envisageant la société que comme une réalité antithétique dans le monde de sa pensée et de ses attitudes. L'expression « coudées franches » est tirée de Montaigne [12] et affirme une existence indépendante, alors que celle de La Bruyère doit être confirmée par l'autre − « sans m'avilir à ses yeux » −, implique des conditions sociales plutôt que solitaires.

... et estre courtois et affable à mon point... Le caractère Montaigne figure la contrepartie des caractères de La Bruyère, qui ne sont pas déterminés de l'intérieur, qui n'existent que par le dehors, selon un code imposé par les autres plutôt que selon soi. Est-ce que La Bruyère isole ce trait de caractère de Montaigne parce qu'il l'admire et le lui envie ou parce qu'il le trouve curieux, ce qui l'encourage à l'assouplir ? Son Montaigne est

---

12. Montaigne parle de l'ambition « qui nous donne goust de la solitude : car que fuit elle tant que la société ? que cherche elle tant que ses coudées franches ? » (I, xxxix, p. 232), expression qui ne fait pas image chez La Bruyère.

une sorte d'Alceste, défenseur et représentant d'un comportement que la bonne société du temps de La Bruyère aurait trouvé
vieilli (autant que la langue de Montaigne) et sans doute incompréhensible. La courtoisie et l'affabilité sont des qualités mondaines pour les contemporains de La Bruyère et ne dépendent
donc pas d'une volonté individuelle.

... sans remords ne consequence... Expression de cette
liberté souhaitée par Montaigne, lieux vierges de son autonomie.
Le remords bien sûr n'appartient pas non plus aux préoccupations
de La Bruyère, mais avec cette différence : Montaigne pense à
l'éviter et à s'y opposer — c'est une des constantes et une des
nécessités de sa vie intérieure. Pour La Bruyère, le remords
n'existe pas parce qu'il n'y pense pas. Sa vie intérieure n'est pas
ce qui le préoccupe ; son objet à lui, ce n'est pas le moi, mais
les autres, ou lui, vu et jugé par les autres.

Je ne puis du tout estriver [13] *contre mon penchant et aller
au rebours de mon naturel...* Toujours l'idée de la liberté, le
refus de la contrainte, une certaine mollesse, que lui reprochera
d'ailleurs Pascal. Cette pesée des degrés de rapports sociaux
appartient à la démarche essentielle de Montaigne, imitée assez
souvent par La Bruyère.

... qui m'emmeine vers celuy que je trouve à ma rencontre.
De son naturel, Montaigne est sociable ; il ne cherche donc pas à
éviter les rencontres ; mais il ne ferait aucun effort non plus
pour les provoquer. A en juger d'après le peu de renseignements
qu'on a sur sa vie personnelle, cette attitude appartient à La
Bruyère autant sinon plus qu'à Montaigne. En effet, La Bruyère
a vécu plus isolé qu'aucun autre écrivain de son siècle ; il en a eu
conscience et il a pu en souffrir [14].

*Quand il m'est égal, et qu'il ne m'est point ennemy, j'anticipe
sur son accueil, je le questionne sur sa disposition et santé...*
Cette attitude est plus dans les habitudes de Montaigne que dans
celles de La Bruyère. Montaigne n'a pas de méfiance ; il va au

---

13. *Estriver,* « lutter », « résister à », appartient au lexique de Montaigne.
14. Voir la préface de Robert Pignarre, *Les Caractères,* Paris : Garnier-
Flammarion, 1965, p. 22.

devant des autres, car il est plus curieux finalement que mal-
veillant, plus ouvert et tolérant. A la sécheresse de « Je n'aime
pas un homme que je ne puis aborder le premier », La Bruyère
subsitue le détail des rencontres possibles.

*... je luy fais offre de mes offices sans tant marchander sur
le plus ou sur le moins, ne estre, comme disent aucuns, sur le
qui vive.* « Offices », expression montaignienne, pour qui la
société implique échange ou commerce libre, alors que « marchander », autre terme commercial que l'on trouve dans les
Essais, traduit une attitude plutôt négative. C'est sans doute
cette confiance en autrui qui intéresse La Bruyère et qu'il souligne comme étant un trait de caractère qui ne se trouve plus chez
lui ni chez ses contemporains.

*Celuy-là me deplaist, qui par la connoissance que j'ay de ses
coutumes et façons d'agir, me tire de cette liberté et franchise...*
La Bruyère exposerait ce qui lui déplaît sans le dire expressément. Ceci appartient à l'analyse que Montaigne fait de son moi ;
il participe à chaque étape de cet examen des rencontres plus ou
moins heureuses. Montaigne est le centre de ce commentaire,
alors que La Bruyère reste en dehors, comme spectateur.

*Comment me ressouvenir tout à propos, et d'aussi loin que
je vois cet homme, d'emprunter une contenance grave et impor-
tante, et qui l'avertisse que je crois le valoir bien et au delà ?
pour cela de me ramentevoir de mes bonnes qualitez et conditions, et des siennes mauvaises, puis en faire la comparaison.*
Tout paraît s'être accordé pour faire de Montaigne un ennemi
de la contrainte, pour lui donner ce goût de l'indifférence dont
son manque de mémoire n'est qu'une des formes. La Bruyère
imagine un Montaigne à la cour, mais sans les qualités qu'il
faudrait pour réussir comme courtisan, qui n'a pu vivre selon
lui dans sa vie politique, car « la liberté et l'oisiveté, qui sont
(s)es maistresses qualitez, sont qualitez diametralement contraires à ce mestier là »[15].

C'est trop de travail pour moy, et ne suis du tout capable

---

15. Montaigne, III, ix, p. 971. « Ramentevoir » se trouve dans les
Essais.

de si roide et si subite attention; et quand bien elle m'auroit succedé une première fois, je ne laisserois de flechir et me dementir une seconde tâche : je ne puis me forcer et contraindre pour quelconque à estre fier. Quand le Montaigne de La Bruyère parle de la façon d'aborder cette personne plutôt que de la fuir, il fait intervenir les connaissances qu'il en a et compare les qualités de la personne aux siennes, allusion à sa faiblesse, son incapacité de se soumettre à une « si roide et si subite attention », faiblesse qu'il avoue si copieusement dans les *Essais* : sa nonchalance. Il est vrai que Montaigne refuse de jouer un rôle qui serait contraire à la fois à sa franchise et à sa paresse, mais il est vrai également qu'il ne demanderait pas comment éviter d'être fier dans ses rapports sociaux. Il se trouve ainsi transformé en « caractère » de La Bruyère, c'est-à-dire quelqu'un qui vit non plus en lui-même, mais par rapport aux autres, qui ne pense plus à soi, mais à la manière dont il pourrait être pensé par quelqu'un d'autre. Ce Montaigne n'est pas tout à fait celui des *Essais*, qui est très conscient du fait que d'autres le voient du dehors, mais sans se préoccuper de la disparité qui existe forcément entre le moi social et le moi profond [16].

La Bruyère s'est situé donc comme spectateur vis-à-vis de Montaigne ; le pastiche est conçu dans cette zone d'examen où l'un se distingue de l'autre. La critique opère ici d'une manière active par la copie des traits particuliers de Montaigne : son introspection, ses distinctions infinies, son goût des pesées extrêmes. Il copie les qualités de Montaigne, mais aussi ce qu'il pouvait considérer comme des défauts : ses détours, ses replis, ses sinuosités, sa variété. Cette critique est faite certes dans un esprit de sympathie d'un écrivain pour un autre, mais où chacun est vu dans son autonomie. Un des principes de la critique souvent inhérent à la comparaison opère ici pleinement, mais d'une façon implicite, émergeant de la mise en œuvre des moyens et manières de Montaigne.

La Bruyère, après Montaigne (ici encore il suit son exemple), fait dans ses *Caractères* de la critique littéraire. Si on le situe

---

16. Voir surtout ses remarques dans *Du repentir* et, entre autres, celle-ci : « De fonder la recompense des actions vertueuses sur l'approbation d'autruy, c'est prendre un trop incertain et trouble fondement » (III, ii, p. 785).

cependant dans la suite de la critique littéraire entre Montaigne et
Sainte-Beuve, il faut remarquer que, contrairement à eux, il se
désintéresse, (dans sa critique) de l'homme, alors que les autres se
préoccupent, à travers l'œuvre, de le découvrir. Ainsi La Bruyère
inaugure une tendance moderne. Songeons à tout ce que l'on a
reproché — avec Proust et la critique structuraliste — à Sainte-
Beuve; on souhaite désormais isoler l'œuvre de l'homme qui l'a
écrite[17]. Quand La Bruyère parle des écrivains, il retient d'eux
leur art, leur manière d'écrire, et c'est bien ce qui l'intéresse avant
tout devant sa propre écriture : comment il écrit, comment il
compose son œuvre. En plein XVIIe siècle, où l'on s'interroge sur
l'homme et où l'on demande à l'œuvre une leçon, une morale, des
maximes, La Bruyère oublie ses préoccupations de moraliste (ce
qu'il est souvent) pour s'interroger sur le fait littéraire. C'est pour
lui le moyen d'affirmer une attitude : quand il parle des écrivains,
c'est l'acte d'écrire qui l'occupe; quand il parle des hommes, ce
sont leurs actes et leurs pensées; quand il parle d'extravagants, ce
sont leurs lubies qui le fascinent[18]. Ce que La Bruyère écrit dans
Des ouvrages de l'esprit au sujet des auteurs qui copient, emprun-
tent, s'attachant à l'extérieur de l'œuvre-source (thème abondamment traité par Montaigne), trouve un équivalent et une expression dans certains personnages qui sont, au niveau des « caractères », ce que les portraits d'écrivains-copistes sont au niveau de
la critique littéraire. Ménippe pourrait être le portrait paradoxal
du copiste, qui ne fait rien d'original, qui « répète des sentiments
et des discours » (40 : 109). C'est l'homme-écho, comme il y a le
texte-écho qui reproduit un autre écrivain, alors que La Bruyère,
tout comme Montaigne une fois de plus, serait l'interlocuteur
d'autres écrivains, l'homme du dialogue, producteur d'un livre
où de nombreuses voix se rencontrent et s'entremêlent.

---

17. La Bruyère aurait pu prévoir les remarques de Proust s'opposant à
la manière de Sainte-Beuve : «... un livre est le produit d'un autre moi que
celui que nous manifestons dans nos habitudes, dans la société, dans nos
vices... » (*Contre Sainte-Beuve*, Paris : Gallimard, p. 137).

18. On pourrait penser que la mimésis opère à propos de chaque genre
de sujet : l'auteur d'un livre provoque des remarques sur le livre; l'homme,
par ses pensées, ses sentiments, encourage des remarques morales; l'extravagant provoque des pages de fantaisie.

V. LE MORALISTE-POETE

La démarche de La Bruyère — mais dans les « caractères » plus que dans les maximes où il donne le résultat d'une pensée dans la forme la plus concise et la plus contrôlée — est d'un poète. La maxime, par ses généralités, est d'un style adapté à une société, porteuse d'une morale et d'une leçon définies. Dans les « caractères », La Bruyère a plus de liberté ; il ne vise pas à des incursions psychologiques infinies, mais plutôt à la projection de traits de détail. Le fond est simplifié, allégé, et le style en est d'autant plus libre, visible dans ses effets saisissants. Brunetière louait la forme de La Bruyère, mais trouvait le fond assez mince[1], tandis que le lecteur moderne voit dans la prétendue minceur du fond une qualité essentielle de l'œuvre « poétique ». La Bruyère peut vouloir simplifier le fond pour que la forme s'impose d'elle-même, dans sa plus grande limpidité ; il la pèse dans les limites étroites du fragment. Il a compris, avant les poètes modernes, qu'un sens trop accusé et développé peut nuire à l'envol du texte[2].

La Bruyère ne saurait fonder sur « un caractère bien fade »

---

1. « Le style de La Bruyère se remarque ; et, à voir avec quel soin il l'a travaillé, ciselé, ornementé, aux endroits mêmes de son livre où la pensée est la plus banale, on se demande si parfois, chez cet écrivain, le souci de la forme ne l'a pas emporté sur celui du fond » (*Histoire de la littérature française classique* 1550-1830, tome 2, *Le dix-septième siècle*, Paris : Delagrave, 1912, p. 610.)

2. Cf. les remarques de Gide sur les *Orientales* : « Une si magistrale aisance ne se peut qu'avec un parfait abandon aux suggestions des paroles et de leur sonorité. C'est une soumission de la pensée au mot, à la phrase, à l'image, et qui explique que Hugo ait préféré toujours les émotions et les pensées les plus banales, de sorte qu'il puisse se donner tout entier à la seule volupté de les dire, de les laisser s'étendre ou foisonner » (*Journal*, p. 955).

(1 : 152) une possibilité d'écriture. Il se peut que le fade dont on est témoin produise, par contraste, chez l'écrivain, des pages ironiques ou véhémentes, mais, le plus souvent, c'est en partant de caractères marqués — qu'ils soient observés ou imaginés — qu'il a le plus de chance de produire un texte selon ses désirs de frapper et de plaire. Si le personnage est d'un moyen intérêt comme le « bon plaisant » qui « est une pièce rare », il le fait contraster avec les « mauvais plaisants » pour lesquels il a une expression imagée et corrosive : « L'on marche sur les mauvais plaisants, et il pleut par tout pays de cette sorte d'insectes » (3 : 152).

La Bruyère blâme les gens qui recherchent des expressions nouvelles et la seule audace qu'il tolère semble être celle qui est traduite par l'écriture, la sienne en particulier : « L'on voit des gens qui, dans les conversations ou dans le peu de commerce que l'on a avec eux, vous dégoûtent par leurs ridicules expressions, par la nouveauté, et j'ose dire par l'impropriété des termes dont ils se servent, comme par l'alliance de certains mots qui ne se rencontrent ensemble que dans leur bouche, et à qui ils font signifier des choses que leurs premiers inventeurs n'ont jamais eu intention de leur faire dire » (6 : 153). Ce que le moraliste condamne est accepté selon un point de vue différent par l'écrivain. La Bruyère, par rapport à ceux qui se croient de l'esprit et qui s'expriment en « phrases embrouillées » (7 : 154), propose de dire les choses sans détour et sans obscurité. Il semble mettre l'esprit du côté du naturel, de l'intelligence seule, sans interférence de l'imaginaire, oubliant, quand il dit « Ne songez point à avoir de l'esprit » (7 : 154), qu'il contredit son propre penchant à vouloir, pour que le caractère existe, avoir le plus d'esprit possible. En filigrane, La Bruyère écrivain se trahit dans la maxime sur les esprits délicats, opposés aux esprits obscènes, médisants, satiriques, quand il relève que, « pour badiner avec grâce, et rencontrer heureusement sur les plus petits sujets, il faut trop de manières, trop de politesse, et même trop de fécondité » (4 : 152), aboutissant à cette formule de son processus d'auteur : « c'est créer que de railler ainsi, et faire quelque chose de rien » (4 : 152). La Bruyère situe ainsi son écriture comme un phénomène dont il est sans cesse conscient. Créer quelque chose de rien, c'est évidemment vivre dans l'imaginaire et par l'imaginaire.

La Bruyère en tant que moraliste et philosophe, a sur les choses un point de vue bien défini, mais en tant qu'écrivain, il n'en privilégie aucun ; il en souhaite de multiples, ce qui fait qu'il est difficile, même impossible parfois, de déterminer exactement comment il se situe par rapport à son sujet. Que pense-t-il ? L'œuvre est là pour brouiller les pistes et pour imposer la seule preuve de l'ambiguïté scripturale. Le point de vue du moment ne peut être celui de toujours ; certaines remarques ne s'appliquent qu'au « caractère » ou thème en question. Il est essentiel donc de distinguer entre l'optique du moraliste et celle d'un écrivain si spécialisé qu'on voudrait pouvoir l'appeler un *caractériste*. Quand La Bruyère révèle des quantités de manies, il dévoile la sienne propre, faite d'un mélange complexe de toutes les manies et, qui sait ? peut-être de celles qu'il aurait apprises de ses propres créations, qui sont des monstres d'égoïsme, des idées fixes incarnées, personnifiées, celles d'ailleurs de l'auteur au moment où il les introduit dans son texte. Chose curieuse, c'est sur des traits concrets que La Bruyère fonde ses abstractions, des types figés, impossibles quant au réel et d'autant plus probables dans l'improbable du poétique. Ils paraissent comme des personnages de comédie, tels que les a voulus un auteur qui leur impose son autorité et sans qu'ils aient d'autre dialogue qu'avec lui. Molière par exemple, leur aurait ajouté cette autre dimension génératrice qui provient d'un échange constant et d'une participation active des personnages entre eux.

1. PESÉES

La Bruyère fait, dans ses *Caractères*, comme Montaigne dans ses *Essais*, une quantité de pesées. Il distingue, parmi les êtres humains, ceux qui sont *eux-mêmes* plus ou moins fréquemment, d'autres qui se croient au-dessus ou au-dessous d'eux-mêmes, relevant dans l'homme un manque de raison et de justice dans la façon de se considérer. La plupart de ces portraits-pesées aboutissent à un résultat nul ou minime ; La Bruyère n'a fait que constater le passage dans la société d'êtres qui sont des ombres d'eux-mêmes, des fantoches souvent, ce qui semble souligner le fait que l'homme est incapable de se connaître, donc de se juger lui-même. Chez Montaigne, l'esprit critique agit comme générateur de texte ; il est le tremplin d'invention, de poésie. Chez La Bruyère, au contraire, il tend à dessécher d'avance le matériau scriptural employé à la description ou à l'évocation d'individus et

à en limiter la portée. Il y a des exceptions, sans doute, mais qui
ne font qu'accentuer le vide des autres « caractères ». Ce sont les
moments où La Bruyère, s'abandonnant à sa propre fantaisie,
crée des personnages comiques qui sont, par rapport à la norme.
humaine, des monstres d'égoïsme. Alors que la pesée chez La
Bruyère est, dans l'ensemble, mesurée et dominée, il fait preuve
d'immodération dans la critique exagérée des traits de ces personnages qui, pourtant, par l'accumulation même, traduisent
un manque.

   Le texte de La Bruyère se situe à l'intersection d'un dialogue, d'une opposition, d'un contraste ; il est une pesée de différences et de déformations. La Bruyère, par exemple dans *De
la chaire*, oppose la simplicité du discours chrétien fondé sur
l'Évangile et qui se passe d'éloquence, aux discours-spectacles
où tout est extériorisé selon les règles de la rhétorique. Mais,
ce qui est critiqué par La Bruyère, quant à la vérité chrétienne
et la véritable éloquence de la chaire, est, dans la plupart des
traits qu'il expose, l'écriture souvent spectaculaire des *Caractères*, fondée sur le dynamisme de la rhétorique. Dans la pesée
du thème « de la chaire » par exemple, il prend parti contre
lui-même pour défendre le point de vue « chrétien ». La simplicité « chrétienne » ne pourrait pas être sujet d'essai/caractère ;
il faut une distortion pour que le sujet prenne forme, devienne
objet. D'une part, il se réfère à la matière qui devrait suffire au
discours chrétien (il fait allusion à la « tristesse évangélique ») ;
d'autre part, il relève, chez les prédicateurs, les avantages de la
mine, l'inflexion de la voix, la régularité du geste, le choix des
mots, les longues énumérations : « c'est une sorte d'amusement
entre mille autres ; c'est un jeu où il y a de l'émulation et des
parieurs » (1 : 445). Mais, tout en jouant la comédie du chrétien,
il désigne chez les faux chrétiens ce qui précisément fait l'essentiel de sa manière, surtout dans les moments « ludiques » de
l'œuvre. Peut-être voit-il chez le prédicateur ce qui lui manque
à lui, une conviction, une matière véritable à laquelle il puisse
croire, où il puisse trouver, pour lui-même, des profondeurs et
non des aspects superficiels. Ce qu'il met du côté du dénigrement
est une façon indirecte de s'exprimer lui-même. Encore ici, la
démarche de La Bruyère est très proche de celle de Montaigne
où un sujet se plie aux exigences d'un certain essai, d'un certain
argument. Voici des caractères-essais où l'auteur joue sur un
certain thème selon une certaine optique, mais auquel il ne
croit pas intégralement.

Sur l'amour et l'amitié, alors que Montaigne divise le sujet et lui accorde de vastes espaces, La Bruyère se contente de maximes qui limitent le sujet, de remarques brèves qui sont des conclusions. Quand il s'agit du cœur, il en parle froidement. C'est peut-être qu'il s'y connaissait peu, comme on l'a prétendu, ou qu'il trouvait que ce terrain avait déjà été suffisamment travaillé par d'autres moralistes et qu'il ne lui restait plus rien d'essentiel à en dire. Il s'agit d'un sujet qui ne se prête pas aux « caractères » et le seul qui y figure (Drance, qui « veut passer pour gouverner son maître, qui n'en croit rien, non plus que le public » (71 : 149) n'a pas grand-chose à voir avec le thème du cœur. Ces observations pourraient figurer la matière brute des « caractères », que La Bruyère n'aurait pas mise en action par la voie des portraits.

Il semble que, au lieu d'approfondir ce sujet, il le délaie au moyen de la comparaison, de l'opposition. L'amour et l'amitié sont confrontés dans de nombreuses maximes, mais pour les besoins de la rhétorique autant que pour le développpement d'un thème signifiant au niveau humain. Pourquoi ne pas être d'accord ici avec La Bruyère et son « tout est dit » ? Sur ce motif en effet, il pouvait voir des limites qui ne provenaient pas nécessairement de ce qu'on en avait dit avant lui dans ce domaine, mais plutôt du sens d'une certaine insuffisance en lui-même quant à ce sujet. Lui qui — selon la tendance des *Caractères* en général — excelle à relever les traits extérieurs des êtres, ce qu'ils signifient quant au code social, de la cour, etc., applique au domaine du cœur les mêmes principes, mais sur des questions qui ne conviennent pas tout à fait à ce genre d'analyse.

Les maximes qui exposent les différences entre l'amour et l'amitié ont une réalité d'étiquettes qui atteignent à peine ou avec peine le statut de texte. Ce chapitre, par sa suite de remarques fragmentaires toutes très brèves (sauf le fragment 71 : 148-49), introduit, dans un thème particulièrement difficile et complexe, un ordre qui lui est contraire. Il lui faut, pour que le sujet existe, donc le texte, cette opposition facile dont il tire peu de substance. Nous voyons ici La Bruyère à l'œuvre, dans un domaine où l'expérience personnelle lui a peut-être fait défaut, pour alimenter son texte. Le fait qu'il n'a aucun vrai « caractère » dans *Du cœur* n'est-il pas une preuve du manque de participation véritable de l'auteur ? Cela révèle le trait essentiel d'une écriture fondée sur une certaine sécheresse, admise comme essence et caractéristique d'un style que d'aucuns désignent par le terme de « classique », sécheresse qui peut être une vertu, mais qui, dans un chapitre sur le « cœur », n'est que l'indication d'un manque.

Cette partie des *Caractères* est un témoignage d'un vide qui a agi inévitablement sur le style — rien de pittoresque, de cette fantaisie, de cette lumineuse analyse qui animent ses meilleurs « caractères ». Ici La Bruyère est spectateur de ce que peuvent éprouver les autres ; il s'est cru sans doute, en tant qu'analyste de l'homme, dispensé de s'exprimer sur ces sujets qu'il a pu croire mieux et plus adeptement traités par ses prédécesseurs et contemporains. Au point de vue qui nous intéresse, c'est-à-dire l'image d'une écriture dans son développement, dans ses qualités comme dans ses manques, ce chapitre *Du cœur* signifie précisément par ses insuffisances, le sens qu'il donne de ses limites dans l'illimité du monde du sentiment : vacances du style, car il y a eu vacances du cœur.

La Bruyère fait un portrait sommaire de la femme où il ne fait guère preuve d'imagination. Il y a ici un effet de mimésis : comme il s'en tient à des traits extérieures dans ces portraits, le caractère reste volontairement superficiel. Quand il écrit « Il y a dans quelques femmes une grandeur artificielle, attachée au mouvement des yeux, à un air de tête, aux façons de marcher, et qui ne va pas plus loin... » (2 : 112), il donne la recette de ce genre de caractère qui, lui aussi, « ne va pas plus loin ». Également, quand il fait allusion chez la femme à « un esprit éblouissant qui impose et que l'on n'estime que parce qu'il n'est pas approfondi » (2 : 112), il semble se référer à sa propre façon de procéder. Même quand il approuve des qualités chez les femmes, il ne fait qu'effleurer le sujet. Il reconnaît à certaines d'entre elles « une grandeur simple, naturelle, indépendante du geste et de la démarche, qui a sa source dans le cœur » (2 : 112), mais il ne développe guère ce thème. Aucune véritable analyse, si ce n'est des remarques générales où le cœur est vu dans ses rapports avec la société. Une pesée se fait constamment, mais sur des valeurs extérieures dont il fait l'objet de son observation. C'est déjà une indication d'un manque relatif, ce qui dénoterait de la part de l'auteur une adhésion partielle à sa matière. Ce que La Bruyère relève dans l'ensemble des remarques, c'est la tendance de la femme à se parer et se farder. Il insiste sur le naturel, trop souvent gâté par l'artifice. Par là il rejoint des écrivains tels que Rabelais, Montaigne et Molière, ainsi que la plupart des grands moralistes. Tous s'entendent à découvrir des masques qui cachent le véritable être :

> Chez les femmes, se parer et se farder n'est pas, je l'avoue, parler contre sa pensée ; c'est plus aussi que le travestissement et la mascarade, où l'on ne se donne point pour ce que l'on paraît être, mais où l'on pense seulement à se cacher et à se faire ignorer : c'est chercher à imposer aux yeux, et vouloir paraître selon l'extérieur contre la vérité ; c'est une espèce de menterie (5 : 113).

Mais ce qu'il faut remarquer, c'est que dans la plupart des maximes et portraits, il s'agit de la femme vue par rapport à l'homme, dans ses relations avec lui, et où elle n'est guère flattée, comme s'il avait fallu, pour qu'il y ait ferment d'écriture, qu'il oppose la femme à l'homme, qui est certes son sujet privilégié :

> Les femmes s'attachent aux hommes par les faveurs qu'elles leur accordent : les hommes guérissent par ces mêmes faveurs (16 : 116).

> ou

> Les femmes sont extrêmes : elles sont meilleures ou pires que les hommes (53 : 127).

C'est dans la comparaison qu'il fait entre une femme coquette et une femme galante — encore une fois la pensée encouragée par l'opposition — que La Bruyère fait ses remarques les plus fines :

> Une femme galante veut qu'on l'aime ; il suffit à une coquette d'être trouvée aimable et de passer pour belle. Celle-là cherche à engager ; celle-ci se contente de plaire. La première passe successivement d'un engagement à un autre ; la seconde a plusieurs amusements tout à la fois. Ce qui domine dans l'une, c'est la passion et le plaisir ; et dans l'autre, c'est la vanité et la légèreté. La galanterie est un faible du cœur, ou peut-être un vice de la complexion ; la coquetterie est un dérèglement de l'esprit. La femme galante se fait craindre et

la coquette se fait haïr. L'on peut tirer de ces deux caractères de quoi en faire un troisième, le pire de tous (22 : 116-17).

L'analyse est donc particulièrement percutante quand elle peut se fonder sur l'affrontement de deux natures, de deux « caractères ». La Bruyère y montre la même délicatesse d'analyse qu'il avait prouvée dans ses comparaisons d'écrivains : « Une femme inconstante est celle qui n'aime plus ; une légère, celle qui déjà en aime un autre ; une volage, celle qui ne sait si elle aime et ce qu'elle aime ; une indifférente, celle qui n'aime rien » (24 : 117). De telles distinctions montrent que La Bruyère avait une certaine connaissance des femmes vues dans leur ensemble, comme faisant partie d'une société, plus que d'une seule qui lui aurait donné l'exemple d'une quantité de nuances et de détails de conduite. La Bruyère ne paraît pas personnellement dans ces observations, si ce n'est sous le voile de l'hypothèse, comme dans ce passage qui est parmi les plus réussis quant au style acéré et lucide, donnant à la fin une des pointes les plus étonnantes :

> Si j'épouse, *Hermas*, une femme avare, elle ne me ruinera point ; si une joueuse, elle pourra s'enrichir ; si une savante, elle saura m'instruire ; si une prude, elle ne sera point emportée ; si une emportée, elle exercera ma patience ; si une coquette, elle voudra me plaire ; si une galante, elle le sera peut-être jusqu'à m'aimer ; si une dévote, répondez, Hermas, que dois-je attendre de celle qui veut tromper Dieu, et qui se trompe elle-même ? (44 : 124).

Même quand une femme jeune et belle pourrait choisir un héros comme galant, elle ne réussit à trouver qu'un « petit monstre qui manque d'esprit » (27 : 118), ce qui révèle un faux jugement même dans les matières où elles devraient avoir de sûres connaissances. La Bruyère découvre des choix particuliers qui proviendraient d'intérêts qui n'ont rien à voir avec l'amour : « Est-ce en vue du secret, ou par un goût hypocondre, que cette femme aime un valet, cette autre un moine, et *Dorinne* son médecin ? » (32 : 119). Ce que la femme admire chez les hommes tels qu'ils paraissent dans cette longue présentation de différents genres d'hommes, ce sont les mêmes qualités extérieures — l'ostentation, l'artifice — qu'elles recherchent pour elles-mêmes ;

il pousse la caricature de ces femmes et de leurs goûts bizarres en prétendant qu'elles vont jusqu'à admirer le grotesque et le monstrueux : « Je vous plains, Lélie, si vous avez pris par contagion ce nouveau goût qu'ont tant de femmes romaines pour ce qu'on appelle des hommes publics, et exposés par leur condition à la vue des autres. Que ferez-vous, lorsque le meilleur en ce genre vous est enlevé ? Il reste encore *Bronte*, le questionnaire : le peuple ne parle que de sa force et de son adresse ; c'est un jeune homme qui a les épaules larges et la taille ramassée, un nègre d'ailleurs, un homme noir » (33 : 210). Il est curieux que le « caractère » le plus intensément développé du chapitre soit consacré à des portraits d'hommes préoccupés uniquement de leur apparence physique et de leur effet sur le public féminin ; c'est, accentué et caricaturé, ce qui, dans son optique, appartient à la femme, qui est toute en apparence et en artifice.

A aucun moment dans ce chapitre, La Bruyère ne nous fait assister au spectacle de ses meilleurs caractères où visiblement il éprouve le plaisir qui provient du style, dont il est consciemment épris, car il doit en connaître et apprécier la perfection. Les seuls caractères de femmes (Glycère, Elmire) sont des exceptions, car ils ne traitent pas de la femme qui serait objet unique d'analyse. Glycère est prise dans un tourbillon ; elle est présentée d'abord comme celle qui n'aime pas les femmes en général, mais qui en aime une seule, Corinne. On la voit ensuite flatter et caresser son mari ; La Bruyère insiste sur le fait que Glycère « n'a d'autre lit que celui de son cher époux » (73 : 132). Et, à la fin, on la voit avec son affranchi Parménon qui a toute sa confiance et qui favorise ses amours : « qui parle moins de ce qu'il faut taire ? qui sait ouvrir une porte secrète avec moins de bruit ? qui conduit plus adroitement par le petit escalier ? qui fait mieux sortir par où l'on est entré ? » (73 : 132). Il n'y a pas beaucoup de place dans ce « caractère » pour Glycère vue dans sa solitude ; elle n'existe que par ses relations mondaines et amoureuses, comme un être essentiellement ambigu et frivole : « on remarque... sur elle une riche attache, qu'elle dérobe avec soin aux yeux de son mari » (73 : 131).

Les discussions de La Bruyère sur le mariage reviennent à une référence aux errances de la passion, aux doutes qui entourent le mariage — dans lequel il voit une loterie — aux jeux de l'amour et du hasard, aux drames qui accompagnent les hésitations des femmes dans le choix d'un mari. Ici encore La Bruyère juge de l'extérieur et ne retient du mariage que les côtés publics : alliances curieuses, ratées, entravées; c'est le critique qui juge et s'en tient à des approximations très limitées. Il y a un seul caractère développé, Elmire, et elle constitue une exception dans l'œuvre, car elle inspire une histoire assez longue dans laquelle La Bruyère se révèle d'ailleurs brillant conteur. C'est en somme un récit sur lequel se greffe le caractère de la femme qui a trop attendu pour choisir un mari et se voit réduite au désespoir de voir son amie épouser le seul homme qu'elle aurait pu aimer. On peut déduire de tout cela que La Bruyère agit en poète plutôt qu'en critique; il en est resté aux aspects extérieurs du sujet, car il n'avait pas de quoi juger de l'intérieur.

2. LA SOCIÉTÉ FICTIVE

Certains caractères, comme Théodecte et Troïle par exemple, n'ont de réalité possible que dans la société que La Bruyère invente. Ces personnages que l'écriture rend fictifs, doivent se mouvoir dans un lieu qui cesse d'être la société du XVIIe siècle pour devenir ce lieu idéal où l'imagination peut s'exercer. Si Théodecte ne supporte, quand il parle, aucune interruption — « Il n'est pas moins redoutable par les choses qu'il dit que par le ton dont il parle. Il ne s'apaise, et il ne revient de ce grand fracas que pour bredouiller des vanités et des sottises » (12 : 156) — c'est que l'auteur est entraîné lui-même par ce personnage prolixe. On peut faire les mêmes remarques au sujet de ce maniaque de la parole qu'est Troïle et auquel La Bruyère fait faire des actions invraisemblables, qui tiennent du grotesque, encore une fois parce que leur auteur se laisse emporter dans l'irréel par la verve qui l'anime : « si on lui parle, il ne répond point; si l'on continue de parler, il passe dans une autre chambre; si on le suit, il gagne l'escalier; il franchirait tous les étages, ou il se lancerait par une fenêtre, plutôt que de se laisser joindre par quelqu'un qui a un visage ou un ton de voix qu'il désapprouve » (13 : 157-58).

Même si La Bruyère prétend faire des portraits d'après nature — si c'est ce qu'il faut entendre par « Je rends au public ce qu'il m'a prêté; j'ai emprunté de lui la matière de cet ouvrage » (p. 61) —, il s'ingénie à peindre des êtres étranges, différents de ceux que nous pourrions connaître, interprétés et, par conséquent, déformés par l'action de l'écriture. Son idée de la société du temps est un « ouvrage » de son esprit, relevant d'une vision de nature poétique; elle est vraiment créée pour et par les *Caractères*. La Bruyère exerce son invention sur les sujets les plus particuliers, tout en prétendant qu'il avait l'intention de « peindre les hommes en général » (p. 62). Un « caractère » est aussi saisissable qu'un objet — aucune ombre n'y pénètre sinon celle d'une certaine ironie. La Bruyère le *met en acte*[3], parce qu'il existe uniquement par la représentation et que le texte se réalise seulement par cette représentation même. Le personnage est donc l'*objet* de l'écriture, qui se tourne contre lui parfois sous forme de critique indirecte : « Il est vrai que ce qu'il (Diphile) dépense d'un côté, il épargne de l'autre, *car ses enfants sont sans maîtres et sans éducation* » (2 : 398). La lucidité chez La Bruyère est trompeuse — elle est si accusée, si constante qu'elle engendre ses propres ombres : « Cette obscure clarté qui tombe des étoiles ».

Théophraste peint moins l'homme abstrait et universel qu'il ne nous donne des croquis de la vie athénienne. Les trente ou quarante pages de son œuvre nous apportent peut-être « plus de renseignements sur l'Athénien dans la rue, à la maison, à la campagne, à table, au lit, à la guerre ou sur mer que les trois cents pages de La Bruyère ne nous donnent d'indications analogues »[4]. En effet, chez La Bruyère, les lieux sont abstraits et le « peuple » n'y pénètre que rarement, plutôt comme objet de curiosité que sujet de caractère[5]. Le temps dans lequel La Bruyère situe ses personnages est également fictif; il n'appartient pas à la durée, au passage, au mouvement dont on parle quand on se réfère à la notion de temps, notion abstraite sans doute, mais à laquelle les poètes ont su donner profondeur et épaisseur. Les personnages de La Bruyère semblent arrêtés dans un temps

---

3. Selon la remarque de Barthes : « On le sait, le livre de La Bruyère n'a nullement la sécheresse algébrique des maximes de La Rochefoucauld, par exemple, tout entières fondées sur l'énoncé de pures essences humaines; la technique de La Bruyère est différente : elle constitue à *mettre en acte*, et tend toujours à masquer le concept sous le percept... » (« La Bruyère », p. 232).

4. Voir Albert Thibaudet, « En lisant Théophraste », p. 684.

5. Ses paysans ressemblent, par l'hyperbole, aux paysans idylliques de Mme de Sévigné, qui, en train de faner, sont dans son optique ludique des gens qui « batifolent » dans les champs.

qui est un décor plus qu'un support substantiel de leurs actions. Quand il est gaspillé par beaucoup d'entre eux, il figure comme un complément de leur vide ou de leur automatisme. Un jour résume leur vie tout entière, car ils ne se renouvellent jamais. Nous sommes loin ici de la « durée » du romancier, nécessaire à une action qui se poursuit, à un sort qui se décide. Chacun de ces caractères est enfermé dans son propre temps; celui-ci pourrait s'apparenter à l'écriture, déterminée par l'idée d'un espace à remplir, d'un temps infiniment divisible[6].

Bien que les caractères se ressemblent par certains traits, il en est de privilégiés qui révèlent d'une façon plus marquée le poétique de La Bruyère et le code de lecture qu'elle impose. Le portrait du sot, par exemple, dans *De l'homme,* montre le côté automatique de l'écriture, qui est en soi un thème autant que le sujet du « caractère ». Étonnante mimésis : le texte *est* le sot; c'est le vide qui est mimé par ces petites phrases qui se précipitent sans porter trop de sens. Rien, au niveau du style, ne pourrait être plus dénudé, vivant de la syntaxe la plus élémentaire :

> Le sot est *automate,* il est machine, il est ressort; le poids l'emporte, le fait mouvoir, le fait tourner, et toujours, et dans le même sens, et avec la même égalité; il est uniforme, il ne dément point : qui l'a vu une fois, l'a vu dans tous les instants et dans toutes les périodes de sa vie; c'est tout au plus le bœuf qui meugle, ou le merle qui siffle : il est fixé et déterminé par sa nature, et j'ose dire par son espèce (142 : 343).

Ce jeu mécanique nous faisait pressentir le vide de ce maniaque; le voici révélé dans la pointe :

> Ce qui paraît le moins en lui, c'est son âme; elle n'agit point, elle ne s'exerce point, elle se repose (142 : 343).

Rattachons à ce portrait le suivant où il s'agit encore du sot et qui commence par une sorte de pointe : « Le sot ne meurt

---

6. Ceci pourrait être rapproché des îles de Rabelais dans le *Quart Livre,* chacune étant le lieu d'une manie et qu'Alfred Glauser appelle des « îles mentales » (*Rabelais créateur,* Paris : Nizet, 1966, pp. 238-43).

point... » (143 : 343), car son âme ne commence à vivre qu'au moment où il meurt.

L'onomastique souvent étrange chez La Bruyère décèle encore un côté irréel de ses portraits ; à un tel personnage correspondra un nom qui aura en embryon son aspect ou ses caractéristiques[7]. La critique traditionnelle s'est intéressée à trouver un personnage historique derrière chaque nom, à identifier le « caractère ». Il y a pourtant une quantité de noms qui sont des traductions du grec par exemple, comme Antagoras, « plaideur », Typhon, « débauché », et d'autres qui sont motivés par des considérations textuelles ou poétiques ; d'autres qui sont comme des noms-valises, par exemple Théodote, qui a un « habit austère » et un « visage comique » (61 : 240) et qui traite avec le plus grand sérieux des affaires de rien, est déjà dévoilé par ces traits antithétiques dans son nom formé de *Theo*, de theos, « dieu », et *aote*, qui pourrait être un suffixe acquérant un statut comique par sa ressemblance avec « radote »[8]. Un jeu onomastique semblable pourrait se voir dans le nom de *Théonas*, « abbé depuis trente ans » et qui « se lassait de l'être » (52 : 237), allait renoncer à la prélature jusqu'au moment où il apprend qu'il « est nommé à un évêché » (52 : 237). Son statut ecclésiastique paraît dans *Theo*, mais affaibli par le suffixe *nas*, nom qui peut passer pour une déformation de Thomas, et traduit son état d'abord précaire dans la hiérarchie de l'Église. Le nom de Télèphe enfin pourrait provenir de *tele*, « au loin », ce personnage étant toujours éloigné de lui-même et de ses potentiels (141 : 342-43) ; la fricative de la fin soulignant une certaine vanité pourrait accuser son côté négatif.

Le portrait d'Hermagoras est articulé tout entier par des jeux sur l'onomastique ancienne et contemporaine — son nom seul nous a déjà alertés. Ce curieux personnage ne sait rien du

---

7. Voir à ce sujet les études de Maria Teresa Biason (« La scrittura del nome : Uso ed effetti nei *Caractères* di La Bruyère », *Paragone*, 348 (1979), 63-77 ; « Nomi e nemi nei *Caractères* di La Bruyère », *Studi Francesi*, 69 (1979), 449-59).

8. Voir dans Rabelais (*Oeuvres complètes*, éd. Pierre Jourda, Paris : Garnier, 1962, vol. II, pp. 99-100). Panurge : « ... tous jours estoient en sceureté les ministres des Dieux Cabires, tant celebrez par Orphée, Apollonius... *Herodote*. — Il *radote*, dit frere Jan... »

présent — il ne sait pas qui est le roi de Hongrie, ignore Versailles —, mais il sait tout ce qui concerne le passé, dans lequel il vit vraiment :

> On lui dit que le Roi jouit d'une santé parfaite ; et il se souvient que Thetmosis, un roi d'Égypte, était valétudinaire, et qu'il tenait cette complexion de son aïeul Alipharmutosis (74 : 175).

Au cœur même du texte « classique », les noms étrangers, pour la plupart inconnus des lecteurs contemporains, substituent au présent (onomastique) l'insolite et le bizarre — qui est un rappel de la truculence linguistique de Rabelais et l'annonce de celle de Hugo : Apronal, Hérigebal, Noesmordach, Mardokempad, Ninyas, Artaxerxe.

La thème du chapitre *De quelques usages*, pour rentrer dans la suite des *Caractères,* a dû devenir celui du particulier, si bien qu'il ne s'agit plus de l'usage tel que le comprend la société, mais de celui qui a été déformé par les individus. L'exceptionnel, dans ce milieu, devient la règle. Ici encore, ce qui pouvait appartenir à une certaine observation est faussé par des intentions scripturales, par le désir de surprendre, par la nécessité de sustenter et de renouveler le style. Ce goût du trait conduit l'auteur au-delà du raisonnable ; l'hyperbole est ici figure dominante. Typhon, par exemple, rendu audacieux par la protection d'un grand, devient « impunément dans sa province tout ce qui lui plaît d'être, assassin, parjure ; *il brûle ses voisins...* » (62 : 433) ; Tite est « reculé ou congédié » de sa place, car « il naît *de dessous terre* un autre clerc pour la remplir » (25 : 421). Pour être cru noble sur parole, il suffit « de n'être point né dans une ville, mais *sous une chaumière* répandue dans la campagne, ou *sous une ruine* qui trempe dans un marécage » (6 : 415).

La Bruyère condamne les usages en se référant à certaines pratiques insolites chez les médecins (65 : 435 ; 66 : 435), les chiromanciens et devins (69 : 437), les magiciens et sorciers (70 : 437), « ceux qui font l'horoscope et qui trient la figure, ceux qui connaissent le passé par le mouvement du *sas,* ceux qui font voir dans un miroir ou dans un vase d'eau la claire vérité » (69 : 437)[9]. La Bruyère s'est attaché ici à l'irrégulier,

---

9. Il y a ici certainement un rappel de Rabelais, *Tiers Livre,* chapitre

fortement éloigné de tout usage, poussé par son goût pour le pittoresque et le frappant.

Dans un passage très inspiré de Montaigne[10], La Bruyère se plaît à relever des coutumes qui appartiennent à certains pays, à certains temps et ne sont pas celles du pays où l'on habite : « une nation entière mange les viandes après les fruits, une autre fait tout le contraire ; quelques-uns commencent leurs repas par de certains fruits, et les finissent par d'autres... » (73 : 439). De plus, il voit dans certains usages, le résultat d'habitudes où souvent le bon sens cesse de régner :

> Est-ce par un soin de leur santé que les hommes s'habillent jusqu'au menton, portent des fraises et des collets, eux qui ont eu si longtemps la poitrine découverte ? Est-ce par bienséance, surtout dans un temps où ils avaient trouvé le secret de paraître nus tout habillés ? Et d'ailleurs les femmes, qui montrent leur gorge et leurs épaules, sont-elles d'une complexion moins délicate que les hommes, ou moins sujettes qu'eux aux bienséances ? Quelle est la pudeur qui engage celles-ci à couvrir leurs jambes et presque leurs pieds, et qui leur permet d'avoir les bras nus au-dessus du coude ? etc. (74 : 439).

La Bruyère trouve aussi dans les mots changeant de statut et de valeur une illustration du thème des usages qui changent selon les temps. Ce sujet devient ainsi la métaphore des changements qui s'opèrent à tous les niveaux de l'activité humaine. La comédie linguistique garde un souvenir de ce qui se passe dans la société des hommes. La Bruyère est si habitué au genre « caractère » qu'il tend à parler des mots qui changent (expressions vieillies, désuètes) comme il parlerait des hommes — il les incorpore dans un texte par des termes anthropomorphiques : « qui pourrait rendre raison de la *fortune* de certains mots et de la *proscription* de quelques attraits ? » (73 : 440). Nous voici engagés dans une société où l'on est accepté ou rejeté. C'est une sorte de caractère composite changeant et fantasque qu'il imagine ici, le langage paraissant aussi mystérieux et inexplicable

---

XXV, l'épisode de Her Trippa.

10. Voir *De la coutume et de ne changer aisément une loy recüe,* I, xxiii.

dans son comportement que l'homme :

> *Ains* a péri : la voyelle... n'a pu le sauver ; il a cédé...
> *Certes* est beau dans sa vieillesse, et a encore de la force
> sur son déclin : la poésie le réclame... *Maint* est un
> mot qu'on ne devait abandonner... *Moult*, quoique
> latin, était dans son temps d'un même mérite, et je ne
> vois pas par où *beaucoup* l'emporte sur lui. Quelle
> persécution le *car* n'a-t-il pas essuyée !... n'était-il pas
> banni honteusement... *Cil* a été dans ses beaux jours
> le plus joli mot de la langue française ; il est douloureux
> pour les poètes qu'il ait vieilli... (73 : 440-41).

Certains portraits sont poussés à de telles extrémités qu'ils
cessent d'être vraiment des « caractères », victimes de l'invention
parfois véhémente de La Bruyère. Ne pourrait-on pas dire que
souvent, au lieu de construire un portrait, il le détruit ? Tant
d'éléments négatifs interviennent que le personnage est — tout en
assurant sa présence parce que transcrit dans le texte — annihilé.
Prenons Hermippe par exemple, « esclave de ce qu'il appelle ses
petites commodités » et auxquelles il « sacrifie l'usage reçu, la
coutume, les modes, les bienséances » (64 : 434), un personnage
inutile dans la société. Le portrait nous donne l'impression qu'il
a été fait exprès pour représenter l'anormal quant aux normes de
l'usage ; la vie qu'il mène est celle que l'auteur des *Caractères* lui
accorde. Pour illustrer par antithèse la question de l'usage, le
personnage inventé de toutes pièces ne trouve sa justification
que dans le monde de l'irréel, du poétique ; son existence est
d'autant plus inutile qu'elle est nécessaire à la composition du
défilé d'excentriques qu'est partiellement l'œuvre de La Bruyère.

La Bruyère est pris ici à son propre piège — sans le savoir,
le portrait qu'il fait d'Hermippe devient celui de l'auteur qui
fonde une bonne partie de son œuvre sur des extravagances : par
son écriture aussi, il s'éloigne singulièrement de l'usage. Il fait,
quant aux exigences de raison du siècle, un « travail fort inutile ».
A la gratuité des actes d'Hermippe correspond une certaine
gratuité de l'écriture qui est un jeu fondé sur l'irréel. Hermippe
ne pourrait-il pas figurer l'auteur oisif à l'affût de sujets, si
bizarres soient-ils :

> ... il aime la chambre, où il n'est ni oisif ni labo-

rieux, où il n'agit point, où il *tracasse*[11]... (64 : 434).

Il a ses propres outils :

> ... il en a de nouveaux et d'inconnus, qui n'ont point de nom, productions de son esprit, et dont il a presque oublié l'usage. Nul ne se peut comparer à lui pour faire en peu de temps et sans peine un travail fort inutile (64 : 434-35).

Voici donc, en plein chapitre *De quelques usages*, un être qui s'en détourne — toujours par la volonté de l'écrivain qui, d'un effort délibéré, fait la caricature de celui qui est en marge de l'usage, individu parfaitement asocial comme tant d'autres chez La Bruyère. Il finit par être l'un des grands extravagants du livre et touche au grotesque :

> Il est, à la vérité, un grand maître pour le ressort et pour la mécanique, pour celle du moins dont tout le monde se passe. Hermippe tire le jour de son appartement d'ailleurs que de la fenêtre ; il a trouvé le secret de monter et de descendre autrement que par l'escalier, et il cherche celui d'entrer et de sortir plus commodément que par la porte (64 : 435).

Il semble difficilement croyable que l'on puisse, encore aujourd'hui, voir dans un tel « caractère » un prototype identifiable. Le jeu des « clefs » était très courant au XVIIe siècle, mais considérons-le, en tant que lecteurs modernes, comme un jeu en partie gratuit et voyons dans Hermippe l'exemple du personnage impossible, si ce n'est dans les réseaux de l'écriture et, dans ce cas, d'une écriture fondée sur la fantaisie et l'imaginaire[12].

3. VANITÉ

Pour une certaine catégorie d'écrivains, chez qui prédomine l'esprit critique et qui ont choisi comme forme d'expression le fragment, il semble que ce soient précisément les éléments néga-

---

11. « Va et vient, s'agite pour peu de chose ».
12. Ici encore, La Bruyère épouse les manies de ses personnages.

tifs qui prédominent dans l'agencement du texte. La Bruyère —
en cela semblable à Montaigne — au moment de traiter un sujet,
en voit le contraire; c'est ainsi que dans le chapitre *Du mérite
personnel*, il s'agit surtout du *manque* de ce mérite. En effet,
La Bruyère est particulièrement destructeur dans les remarques
où il relève l'inutilité de ceux qui ont « les plus rares talents et
le plus excellent mérite » (1 : 96); un métalangage se greffe sur
le langage avant même que celui-ci ait fonctionné pleinement.
Curieux sujet que celui qui se nie d'avance, se situe du côté du
vide ! Au moment où il s'agirait de révéler les profondeurs de
l'être humain, d'analyser le « mérite » personnel, La Bruyère
reste à la surface et ne voit que l'extérieur. Il a le sens de la
vanité de toute entreprise humaine, thème qui convient à l'idée
qu'il se fait de son style; sa phrase, indication d'une limite,
cerne inévitablement un sujet plus qu'elle ne le creuse.

Sous les apparences de l'éloge apparaissent déjà, dès les
première lignes du portrait d'Aemile, des restrictions : ses qualités, ses avantages ne doivent rien au mérite personnel. Ce qui
paraît favorable n'a rien à voir avec ce qui proviendrait de qualités naturelles, qui seraient travaillées, améliorées au cours d'une
vie. N'y a-t-il pas en effet un élément négatif dans la remarque :
« Il n'a eu dans ses premières années qu'à remplir des talents
qui étaient naturels, et qu'à se livrer à son génie » ? (32 : 106).
S'il a tout hérité, on pourrait même dire emprunté, s'« il a su ce
qu'il n'avait jamais appris » (32 : 106) — comme les marquis de
Molière — qu'est-ce qui reste du côté du mérite personnel ?

Indépendamment des modèles que La Bruyère aurait pu
avoir pour le personnage d'Aemile (les commentateurs, amateurs
de clefs, ont vu ici un portrait du Grand Condé lui-même), on
pourrait déceler la volonté, de la part de l'auteur, de faire un
portrait exceptionnellement positif et approbateur[13]. Parmi une
quantité de « caractères » dénigrants, caricaturaux, grotesques,
voilà un exercice dans le genre de l'éloge, en un style « noble »,
dans lequel il ne serait pas interdit de voir une copie, dans une
intention quelque peu parodique, des portraits solennels des
oraisons funèbres de Bossuet par exemple. De toute façon, ce

---

13. Le nom Aemile est en soi une garantie de perfection, appartenant
à une tradition d'excellence, Aemilius *(aemulor)*, celui qui est à imiter,
à *émuler*.

« caractère » est le résultat d'un choix, d'une épuration du sujet : portrait en bloc, sans nuances, qui relève de l'acquis. Ici, au lieu d'inventer, La Bruyère énumère une série de perfections chez un homme qui lui-même n'a rien à inventer, mais s'est soumis à son destin d'homme né parfait et qui a vécu une vie exemplaire. Cette démarche paraît suspecte dans l'ensemble des caractères, mais nous comprenons les intentions de La Bruyère par le dénouement. Pourquoi tant de perfections chez Aemile ? Pour préparer la remarque à la fin : « un homme vrai, simple, magnanime, à qui *il n'a manqué que les moindres vertus* » (32 : 107). Cette conclusion, même si elle n'annihile pas la liste des qualités qui précède, jette néanmoins de l'ombre sur leur éclat. Ce portrait, destiné à ne relever que l'«excellent», pourrait être une illustration de la maxime qui le suit et le résume en quelque sorte : « Les enfants des Dieux, pour ainsi dire, se tirent des règles de la nature, et en sont comme l'exception. Ils n'attendent presque rien du temps et des années. Le mérite chez eux devance l'âge. Ils naissent instruits, et ils sont plus tôt des hommes parfaits que le commun des hommes ne sort de l'enfance » (35 : 107).

Il ne serait pas impossible de rapprocher cet exemple de style « noble » de la lettre de Gargantua à son fils dans le *Pantagruel* de Rabelais, modèle d'écriture classique parmi de nombreux chapitres de fantaisie et de non-sens. Toujours est-il que le « caractère » d'Aemile, par cette remarque de la fin, paraît ambigu, car elle pourrait contenir un facteur négatif. Aemile a toutes les vertus glorieuses, mais, dans l'optique du chapitre *Du mérite personnel,* il manque précisément de ce mérite : ayant tout acquis dès sa naissance, il ne doit rien à lui-même, et le héros en lui a supprimé l'homme. On peut voir aussi dans ce caractère un autre exemple d'une écriture qui est à l'opposé de la démarche du roman où une évolution du personnage est nécessaire ainsi qu'une vie intérieure pour engendrer et reproduire une durée. Le portrait d'Aemile est composé d'événements accomplis, image de l'écriture qui simplifie, rend compte : le *faire* l'emporte sur le sujet, oblige le sujet à *être fait.*

Ce qu'il y a d'achevé, d'exemplaire, dans le portrait d'Aemile trouve sa contrepartie dans celui de Mopse, de Celse, etc. Un équilibre s'établit qui signifie que des individus divers ont droit à l'existence dans le monde varié et multiple que sont les *Caractères.* L'un éclaire l'autre, nous rappelant que l'un ne peut pas exister sans l'autre dans l'image que nous nous faisons de l'être humain.

Voici Mopse, un autre personnage qui ne s'appartient pas, ne vit que par les autres, mais selon un mode particulier et qui lui donne ainsi le droit de figurer parmi des caractères qui par ailleurs lui ressemblent par leur légèreté, leur vide : ce qui le distingue c'est le fait qu'il vit parmi des gens qu'il ne connaît pas et dont il n'est pas connu ; ce travers suffit à animer ce caractère original même s'il ressemble par de nombreux traits à Ménalque, le fameux distrait. Il s'agit ici, en effet, dans chaque détail du portrait, des « faits de distractions » :

> Je connais *Mopse* d'une visite qu'il m'a rendue *sans me connaître* ; il prie des gens qu'*il ne connaît point* de le mener chez d'autres *dont il n'est pas connu* ; il écrit à des femmes qu'*il connaît de vue*. Il s'insinue dans un cercle de personnes respectables, et *qui ne savent quel il est*, et là, sans attendre qu'on l'interroge, ni *sans sentir qu'il interrompt*, il parle, et souvent, et ridiculement. Il entre une autre fois dans une assemblée, se place où il se trouve, *sans nulle attention aux autres*, ni à soi-même ; on l'ôte d'une place destinée à un ministre, il s'assied à celle du duc et pair ; il est là précisément celui dont la multitude rit, et qui seul est grave et ne rit point (38 : 108).

Nous trouvons la même vanité chez Celse dont la vie consiste à vivre par les autres, de mérites qu'il ne possède pas, mais dont il est témoin : « il a peu de mérite, mais il connaît des gens qui en ont beaucoup » (39 : 109). Etre qui vit par procuration, se distingue par un tourbillon d'« allées et venues » qui lui permettent de se mêler de tout, sans faire appel à ses propres qualités : « il ne fait rien, il dit ou il écoute ce que les autres font » (39 : 109). Un fantoche encore qui se fait des illusions sur ses activités n'aboutissant à rien : « N'entra-t-il pas dans une espèce de négociation ? Le voulut-on croire ? fut-il écouté ? » (39 : 109). Bel exemple encore de l'annihilation des êtres à laquelle La Bruyère procède. Nous l'avons remarqué maintes fois ; La Bruyère s'empare de ses propres personnages — créés pour ses desseins — pour les détruire, et tout cela pour lui permettre de demander au style de marquer cette ruine des êtres, compensés par une victoire de style alerte, de la plus souple légèreté en même temps que de la plus grande acuité[14]. Cela correspond chez lui à un désir de style prouvant sa propre autonomie sur des sujets nuls, sur des caractères qui se manifestent par leur ineptie, leur sottise. C'est la table rase sur laquelle l'œuvre peut s'ériger. Par une quantité de personnages semblables — se ressemblant par leur inanité — La Bruyère vise à relever essentiellement la vanité humaine ; ce thème du vide est inévitablement une norme de style, que, par chaque caractère, il définit à nouveau.

Un thème récurrent dans les *Caractères* est celui du temps que l'on voit s'écouler vraiment plutôt que de le peupler d'occupations substantielles et de la conscience que l'on aurait d'un moi actif, pensant[15]. Les références aux moments de la journée agissent comme la métaphore de la vacuité des occupations humaines. Le concept abstrait est ainsi illustré par des moments très particuliers, tous aussi vains les uns que les autres. Narcisse est un exemple de ces automates qui voient leur vie passer sans qu'ils en tirent un profit quelconque pour leur amélioration : « il se lève le matin pour se coucher le soir » (12 : 212). La vanité de son existence est résumée en une phrase où tous les temps des verbes sont rassemblés pour figurer un temps qui s'écoule comme en un vacuum, vu et non vécu : « Il *fera* demain ce qu'il *fait* aujourd'hui et ce qu'il *fit* hier ; et il *meurt* ainsi après avoir *vécu* » (2 : 213). La vanité de cette vie est révélée par des allusions à des occupations qui n'ont de but qu'elles-mêmes. Tout est du côté du divertissement, occasion d'oublier le présent et ce qu'il pourrait exiger d'action et d'utilité ; rien faire prend la place du faire : Narcisse va « à la belle messe aux Feuillants ou aux Minimes » ; il a « ses heures de toilette » (12 : 212), quatre heures de jeu ; ses lectures sont variées, donc superficielles ; il se promène, il fait ses visites. La Bruyère mime le

---

14. « Chez La Bruyère, faire le portrait d'un personnage, le décrire, revient souvent à le détruire » (Jules Brody, *Du Style à la pensée*, p. 27).

15. Comme chez Montaigne : « J'ai un dictionnaire tout à part moy : je passe le temps, quand il est mauvais et incommode ; quand il est bon, je ne le veux passer, je le retaste, je m'y tiens... Cette fraze ordinaire de *passe-temps* et de *passer le temps* represente l'usage de ces prudentes gens, qui ne pensent point avoir meilleur compte de leur vie que de la couler et eschapper, de la passer, gauchir et, autant qu'il est en eux, ignorer et fuir, comme chose de qualité ennuyeuse et desdaignable » (III, xiii, pp. 1091-92).

vide d'une telle existence dans un caractère qui, lui aussi, se ressent de la vanité du sujet.

Ménippe[16] nous fournit un autre exemple de personnage vain qui s'ignore lui-même et s'expose dans toute sa vanité : « *Ménippe* est l'oiseau paré de divers plumages qui ne sont pas à lui. Il ne parle pas, il ne sent pas... » (40 : 109). Il est éclairant de comparer le portrait de Ménippe dans lequel les clefs du temps voyaient le duc de Villeroy et celui que Saint-Simon fait de la même personne. Nous devons certes nous méfier des clefs qui, la plupart du temps, sont fausses puisque le personnage écrit de La Bruyère assure son autonomie non pas par des ressemblances avec un personnage, mais par ce qu'il est devenu dans l'achimie des *Caractères* en tant qu'œuvre d'imagination. Cependant, l'opposition de ces deux portraits fera ressortir l'originalité de la technique de La Bruyère.

Si Saint-Simon parle de « ce trop véritable portrait »[17], La Bruyère pourrait parler d'un faux portrait, plus « impressionniste » que « réaliste ». Saint-Simon commence sa description par les aspects positifs et flatteurs de Villeroy et passe ensuite brusquement aux traits négatifs, opposition dramatique qui contribue à l'animation et au volume du portrait : « C'étoit un grand homme bien fait, avec un visage fort agréable, fort vigoureux, sain, qui, sans s'incommoder, faisoit tout ce qu'il vouloit de son corps... Il étoit magnifique en tout, fort noble dans toutes ses manières, grand et beau joueur sans se soucier du jeu, point méchant gratuitement, tout le langage et les façons d'un grand seigneur et d'un homme pétri de la cour ... » / « glorieux à l'excès par nature, bas aussi à l'excès pour peu qu'il en eût besoin... Il ne se connoissoit ni en gens ni en choses, pas même en celles du plaisir... incapable encore de toute affaire, même d'en rien comprendre par delà l'écorce... »[18].

Le caractère de La Bruyère, au contraire, est unilatéral et

---

16. Si l'on voulait jouer avec l'onomastique, on pourrait lire dans ce nom « mes nippes », mes vêtements, c'est-à-dire ce qui me recouvre, me cache.

17. Saint-Simon, *Mémoires*, éd. Gonzague Truc, Paris : Gallimard, Bibliothèque de la Pléiade, 1953, vol. 4, p. 741.

18. Saint-Simon, p. 740.

insiste sur le côté négatif du personnage. Les traits positifs que
Saint-Simon relève sur son apparence « bien fait, visage fort
agréable ... fort noble dans toutes ses manières » sont vus dans
une optique dénigrante comme signes de sa vanité extrême :
« Sa vanité l'a fait honnête homme, l'a mis au-dessus de lui-
même, l'a fait devenir ce qu'il n'était pas. L'on juge, en le voyant,
qu'il n'est occupé que de sa personne ; qui sait que tout lui sied
bien et que sa parure est assortie... » (40 : 110). Autre destruction systématique d'un personnage qui est tout en appaences
et qui ne se connaît pas lui-même : « Lui seul ignore combien il
est au-dessous du sublime et de l'héroïque ; et incapable de savoir
jusqu'où l'on peut avoir de l'esprit, il croit naïvement que ce
qu'il en a est tout ce que les hommes en sauraient avoir » (40 :
110).

Chez Saint-Simon, il n'y a aucune intention de généraliser,
de voir dans le personnage un symbole ; chaque trait porte et
contribue à la vigueur de l'ensemble. La Bruyère veut s'élever
au-dessus de son modèle pour en faire un type. Saint-Simon
part d'un excès de matériau — fourni par son observation aiguë
et qu'il cherche à démêler — tandis que La Bruyère fonde son
caractère sur un manque d'identité, une personnalité qui n'a pas
su s'affirmer. Saint-Simon, animé dans ses portraits par une
certaine participation provenant souvent de ses haines, aboutit
à un portrait tout imprégné de sa propre violence ; La Bruyère,
détaché de son personnage, jongle avec des idées dont il est
spectateur, qu'il arrange selon les exigences du genre. Dès le
début, il se réfère à l'extérieur du personnage, qui ignore ce qui
constitue l'intérieur ; Saint-Simon, lui, greffe ses traits négatifs
sur une première présentation positive. L'idée du mérite personnel absent pousse La Bruyère à créer un personnage qui n'est vu
que de l'extérieur. Plus que le portrait de celui qui n'est pas
lui-même, c'est, semble-t-il, davantage le portrait de l'écrivain
acharné à dépouiller un être qu'il aurait lui-même partiellement
ou totalement inventé, conçu comme un personnage fictif,
c'est-à-dire, selon l'étymologie, fabriqué (*fingere*).

La Bruyère en vient à se traiter lui-même parfois en caractère dont il serait le spectateur. Prenons par exemple ce passage
où il parle avec ironie de ses droits de noblesse comme s'il parlait
d'un vaniteux de sa « comédie humaine » :

> Je le déclare nettement, afin que l'on s'y prépare
> et que personne un jour n'en soit surpris : s'il arrive
> jamais que quelque grand me trouve digne de ses
> soins, si je fais enfin une belle fortune, il y a un Geof-
> froy de La Bruyère, que toutes les chroniques rangent
> au nombre des plus grands seigneurs de France qui
> suivirent GODEFROY DE BOUILLON à la conquête
> de la Terre-Sainte : voilà alors de qui je descends en
> ligne directe (14 : 417).

Ainsi La Bruyère se met dans la peau de ceux qui prétendent,
s'ils font fortune, à des droits de noblesse. Il est assez exceptionnel que l'auteur s'introduise lui-même dans son œuvre ; s'il le
fait ici, c'est qu'il y est autorisé par la voie de l'ironie qui accompagne son argument et qui est confirmée par la logique également
ironique de la pointe « voilà alors ». Les notes de l'édition
critique nous apprennent que La Bruyère se trompe d'un siècle
en faisant de Geoffroy de La Bruyère un compagnon de Godefroy
de Bouillon, mais ce qui importe davantage, c'est qu'il a dû
provoquer cet anachronisme afin d'accuser l'aspect ludique de
cette proposition fantaisiste et purement conditionnelle.

4. LE DRAMATIQUE

La démarche habituelle de La Bruyère, qui consiste à accumuler une série d'éléments qui aboutissent à une pointe, tient
du dramatique. Il souligne chez ses personnages des gestes, des
attitudes, des mouvements qui pourraient produire des fragments de scènes de comédie, mais qui restent au niveau de l'écrit :
l'action est retenue dans le statique du texte.

Le fait que les personnages de La Bruyère ne parlent pas,
ou rarement, les situe parfaitement par rapport au dramaturge.
Un personnage que l'on discute, examine, dissèque n'est guère
propre à la dramatisation. A chaque nouveau détail, le portrait
s'arrête, se fixe davantage. Chez La Bruyère, il y a rarement
— sauf parfois dans la pointe — de grands éclats qui situeraient
définitivement un individu. L'insistance sur le détail empêche un
envol qui pourrait être d'ordre dramatique. La Bruyère dévoile
ses procédés d'écrivain dans une mise à nu plus visible que chez
la plupart des écrivains : écriture-objet sans cesse tournée sur
elle-même, consciente de ses fonctions. Comme il y a des Vénus

de papier chez Montaigne, il y a des caractères de papier chez La Bruyère, c'est-à-dire qu'ils doivent leur existence à l'écriture modérée et mesurée qui les cerne. L'esprit critique qui préside au fonctionnement du caractère est précisément ce qui tue l'action dramatique. Les personnages se meuvent dans un milieu restreint ; la répétition de nombreux traits semblables, comme dans le portrait de Ménalque, dans ceux de Giton et Phédon, n'est pas promotrice de mouvement : trop d'actions nuisent à l'action.

Albert Thibaudet a montré ce qui sépare l'analyste du dramaturge dans une des pages les plus remarquables qui aient jamais été écrites sur La Bruyère :

> Un de La Rochefoucauld, un Pascal, sont des analystes. Les analystes font une œuvre tout à fait différente, et même inverse, de celle des auteurs dramatiques. Ceux-ci ne se servent de l'analyse que provisoirement, en vue de leur opération principale qui est de créer des cœurs humains, vivants, synthétiques. Vient un moment où la critique des mœurs, affaire des moralistes, veut, sur son terrain, tenter un effort créateur, un effort de synthèse, et produire, elle aussi, des « caractères ». C'est avec La Bruyère, et on sait quel est le titre de son livre... Il s'agit d'un critique moraliste qui à la fois s'inspire du théâtre, cherche à le remplacer et voudrait même le régenter. Le critique dit : « Moi aussi je fais des caractères, moi aussi je suis artiste. Voyez ! » Voyons donc. Les caractères de La Bruyère sont-ils vrais ? Oui. Sont-ils vivants ? Non. Vous ne les avez jamais rencontrés, La Bruyère non plus. Ce qu'il a rencontré, ce sont des hommes, et il a extrait de ces hommes de quoi former ces caractères. Et qu'en a-t-il extrait ? Ce qui lui permettrait de mettre en lumière, de réaliser en un type non pas même une faculté maîtresse, mais une faculté unique. Or une faculté unique c'est une abstraction de moraliste ou de critique, cela n'existe chez aucun homme [19].

Même si La Bruyère ne semble pas avoir le don du théâtre

---

19. A. Thibaudet, *Physiologie de la critique*, Paris : NRF, 1930, pp. 216-17.

qui serait jouable, il n'y a pas moins, dans les *Caractères,* des esquisses de comédie, des scènes à un personnage dont les manies
pourraient s'apparenter à celles des personnages de Molière,
mais ici tout est d'un comique essentiellement statique, provenant
d'une vision unilatérale et simplifiée[20]. La Bruyère fait en petit ce
que Molière exécute en grand sur la scène : tous les deux exposent
des manies, et c'est pourquoi ils emploient tous deux l'hyperbole.

Ce que Corneille et Racine font dans la tragédie quant aux
trois unités, La Bruyère, guidé par une même esthétique et une
même soumission aux exigences de la raison, semble vouloir le
faire dans le cadre des *Caractères* en observant les mêmes lois.
Le temps du « caractère » est strictement limité ; le lieu est toujours semblable ; la durée de l'action ne dépasse pas celle du
présent qu'il lui faut pour le présenter. Ainsi il est curieux de
voir, à des niveaux de production différents — le théâtre, la
littérature d'« essais » — des traits, des intentions semblables,
tant est fort l'ascendant de la raison chez La Bruyère — comme
chez la plupart des écrivains de ce siècle. D'ailleurs, ce qui est
important de relever chez La Bruyère, c'est qu'il aurait pu, à
l'ombre des dramaturges connus, vouloir faire en miniature une
œuvre comparable. La Bruyère, comme eux, est soucieux de ce
qui concerne la société, un public auquel il faut plaire.

Dans le portrait jumelé du riche et du pauvre, il pourrait
s'agir d'une opposition entre le dramatique — du côté du riche —
et du non-dramatique (négation du théâtral) du côté du pauvre,
deux aspects opposés de l'écriture. Tous les traits dans le couple
Giton/Phédon sont accumulés pour accuser le contraste entre
l'homme riche et le pauvre, donc sans intention de créer des
portraits comiques individuellement ; ils pivotent sur ce qui
constitue les différences qui les séparent :

Giton   Phédon

la démarche ferme et délibérée   il marche doucement et légère-

---

20. Stendhal, parlant d'une représentation du *Tyran domestique* de
Fleury, n'y trouve que « quelques petits traits qui feraient effet dans La
Bruyère, mais de trop peu d'intérêt pour le théâtre » (*Oeuvrês intimes,*
éd. V. del Litto, Paris : Gallimard, Bibliothèque de la Pléiade, p. 731). Ne
veut-il pas dire par là que des traits de caractère, quelque percutants qu'ils
soient, ne suffisent pas pour créer un personnage de théâtre ?

ment

il va les épaules serrées

il déploie un ample mouchoir et se mouche avec grand bruit	il tousse, il se mouche sous son chapeau, il crache presque sur soi, et il attend qu'il soit seul pour éternuer
il crache fort loin et éternue fort haut	
il tient le milieu en se promenant avec ses égaux	il se met derrière celui qui parle
S'il s'assied, vous le voyez s'enfoncer dans un fauteuil, croiser les jambes l'une sur l'autre	il se met à peine sur le bord d'un siège

Ces portraits contrastés donnent une idée de l'attention rigoureuse qui dirige l'écriture de La Bruyère[21]. A chaque trait de Giton correspond un trait parallèle chez Phédon, mais La Bruyère a évité un parallélisme absolu qui aurait tenu de l'artifice plutôt que de l'art. Devant ces deux portraits, on voit l'ouvrier au travail, taillant son objet. Ainsi au teint frais de Giton correspond le teint échauffé de Phédon ; au visage plein, le visage maigre ; à l'œil fixe et assuré, les yeux creux ; aux épaules larges, le corps sec. Mais l'ordre est brouillé consciemment par l'auteur afin d'éviter une trop grande symétrie, 1, 2, 3, 4 devenant 2, 4, 1, 3 :

Giton	Phédon
1) le teint frais	2) le teint échauffé
2) le visage plein	4) le visage maigre
3) l'œil fixe	1) les yeux creux
4) les épaules larges	3) le corps sec

Tout au cours de ce double portrait les proportions de chaque élément contrasté varient — exemple de science scripturale où

---

21. Voir l'analyse de Serge Doubrovsky, « Lecture de La Bruyère ».

sont imposées des limites correspondant à la mesure qui intervient dans la composition d'un poème. Poète, La Bruyère aurait écrit des sonnets; il aurait été à l'aise dans la discipline prescrite par une forme fixe.

Les deux portraits constituent pour La Bruyère un exercice sur deux thèmes opposés : l'un détruit l'autre; tout ce que Giton représente trouve son contraire chez Phédon. Ne pourrait-on pas voir dans ces deux portraits, l'un par rapport à l'autre, l'image de la destruction qui est opérée par le texte, mais qui est évidemment germe de nouveaux textes ? Littéralement, La Bruyère est Giton *et* Phédon : d'un côté opulence, de l'autre manque. L'artiste oscille entre ces deux pôles et reconnaît cette constante de toute écriture qui, pour subsister, doit être fondée sur le dialogue. Le texte, par sa rhétorique, révèle ses intentions.

La Bruyère, en tant qu'homme d'esprit (Boileau disait de lui qu'il voulait avoir trop d'esprit), pense devant ses caractères à la surprise de la fin. Il ne serait pas impossible d'imaginer l'auteur en train de la prévoir, car les portraits sont des énigmes. Pensant à la tension qui agit dans la présentation du riche et du pauvre, tout ce que La Bruyère a pu voir du côté de l'un et de l'autre est accumulé profusément pour préparer ainsi que retarder le dénouement qui apparaît comme une explosion : il est riche/il est pauvre. La Bruyère connaissait les conditions « poétiques » de son texte : faire prévoir au lieu de révéler, annoncer, suggérer, dire indirectement. S'il avait commencé par « Giton est riche », « Phédon est pauvre » et avait voulu procéder ensuite à une description de l'un et de l'autre, le dramatique du texte était anéanti.

La technique de La Bruyère est déterminée par une certaine ambiguïté produite en vue d'une solution qui justifie l'agencement et la démarche du texte. La marque essentielle de sa rhétorique est donc la temporisation, si essentielle que, sans elle, le « caractère » est non avenu. Dans les volets symétriques (le riche et le pauvre), il s'agit d'une disposition autochtone du côté du riche, mais qui, dans le portrait du pauvre, ne peut être qu'un souvenir de ce qui constituait le riche, car le lecteur averti demande au texte un contraste constant, c'est-à-dire qu'il reconnaît dès les premières lignes du portrait de Phédon qu'il

s'agit de caractères parallèles *et* antithétiques. La lecture du
deuxième panneau serait d'un intérêt égal et aussi intense pour le
lecteur que le premier, mais le plaisir de la découverte consistera
à reconnaître, étape par étape, les traits qui renvoient à la présentation ultérieure du riche. D'une part donc, lecture *investigatrice*
allant au-devant d'une solution et, d'autre part, lecture *rétros-
pective* allant vers une reconnaissance. Ce jeu de miroitement
est fondamental dans les *Caractères,* inévitable chez celui qui
voit parmi les êtres humains des échanges qui vont des ressemblances aux dissemblances.

5. DU PARTICULIER AU GROTESQUE

Dans un chapitre sur un sujet essentiel et général, *De l'homme*, La Bruyère révèle sa tendance au dénigrement qui est peut-
être, plus qu'une attitude réelle vis-à-vis de l'humanité, un trait de
sa rhétorique : le dénigrement s'éloignant d'une norme est une
source de texte dynamique plus que ne le serait l'éloge seul. Il
prétend donner une image de l'homme, mais ce n'est pas dans
ses maximes qui expriment abstraitement le général qu'il réussit
à le faire. Chose curieuse, c'est par le particulier du caractère
qu'il aboutit au général.

Voici Phidippe, dirigé dans ses actes par une idée fixe. Dans
sa vieillesse, toutes ses actions visent à lui procurer le plus de
confort possible ; il est victime des « petites règles qu'il s'est
prescrites, et qui tendent toutes aux aises de sa personne »,
qu'il observe « avec scrupule » et ne « romprait pas pour une
maîtresse » (120 : 335). N'est-ce pas l'auteur lui-même pris dans
le réseau de ses recettes d'écriture, retombant sans cesse dans les
mêmes ornières ? Phidippe, par ses manies mêmes, peut être
situé à un niveau universel : par ses infinies précautions, il crée
des liens qui l'attachent à la vie et ne font qu'augmenter sa
crainte de la mort. Une dimension est ainsi ajoutée au caractère
et qui le dépasse : « N'appréhendait-il pas assez de mourir ? »
(120 : 335).

Gnathon est un autre exemple de ces personnages inadaptés
et qui font preuve de raideur[22] dans la société. Il « ne vit que

_____

22. Bergson parle du « raidissement contre la vie sociale » et trouve

pour soi, et tout les hommes ensemble sont à son égard comme
s'ils n'étaient point » (121 : 335). Le défaut de Gnathon est la
qualité de l'auteur qui, séduit par un aspect d'un personnage,
l'exploite selon une optique bornée où tout ce qui ne le concerne
pas est éliminé. Le grotesque intervient pour accentuer son
égocentrisme. A force d'accumuler les traits particuliers — Gnathon à table, au sermon, au théâtre, dans un carrosse, dans les
hôtelleries — le portrait se retourne contre lui-même[23] ; il ne reste
qu'un « caractère » déterminé primordialement par la volonté
de l'auteur, amateur de traits piquants, qui le situent au niveau
du style. Gnathon impose une présence exceptionnellement
asociale surtout quand il est à table — image de l'invasion du
personnage dans la suite des *Caractères* à qui, dans l'instant de
la présentation, tout l'espace appartient :

> Non content de remplir à une table la première
> place, il occupe lui seul celle de deux autres... il se
> rend maître du plat... il ne s'attache à aucun des
> mets, qu'il n'ait achevé d'essayer de tous... Il ne se
> sert à table que de ses mains; il manie les viandes,
> les remanie, démembre, déchire, et en use de manière
> qu'il faut que les conviés, s'ils veulent manger, man-
> gent ses restes... le jus et les sauces lui dégouttent
> du menton et de la barbe... Il mange haut et avec
> grand bruit; il roule les yeux en mangeant; la table
> est pour lui un râtelier; il écure ses dents, et il conti-
> nue à manger (121 : 335-36).

Le portrait de Cliton — parent de celui de Gnathon — est,
entre beaucoup d'autres, l'exemple d'une écriture qui procède
d'un parti pris — dans ce cas le portrait de celui qui ne pense
qu'à manger. Cette écriture s'affirme par le seul fait de sa fonction en même temps qu'elle révèle une certaine négation. Cliton
pourrait être considéré comme une parodie du portrait, caricature de « caractère », créé et enflé au niveau du texte, fondé sur
un matériau de sens minime, sur des hyperboles qui suffisent à

---

comique « tout personnage qui suit automatiquement son chemin sans se
soucier de prendre contact avec les autres » (*Le Rire*, Paris : Alcan, 1942,
p. 137).

23. On retrouve ici la technique de la présentation qui consiste à
énumérer à l'infini des traits appartenant à un extérieur, vus ou accumulés
plutôt qu'analysés.

son armature ainsi que l'unification et la simplification du thème.
Le personnage est disséqué pour devenir le portrait-type absolu ;
les seules nuances qu'il contienne sont celles qui proviennent
des dosages des éléments constituant le portrait :

> *Cliton* n'a jamais eu en toute sa vie que deux affai-
> res, qui est de dîner le matin et de souper le soir ;
> il ne semble né que pour la digestion. Il n'a de même
> qu'un entretien : il dit les entrées qui ont été servies
> au dernier repas où il s'est trouvé ; il dit combien il
> y a eu de potages, et quels potages ; il place ensuite
> le rôt et les entremets ; il se souvient exactement de
> quels plats on a relevé le premier service... (122 :
> 336).

Il s'agit ici d'un exercice sur une manie, exemple de la folie
des hommes ; un vide, un travers est examiné à la loupe, d'où
il ressort grossi, unique en son extravagance. Ce qu'il importe
cependant de remarquer, c'est que ces manies de personnages
divers sont chez La Bruyère des manies de style. L'homme qui
ne pense qu'à manger devient l'image de l'homme qui ne pense
qu'à écrire : « On ne reverra plus un homme qui mange tant et
qui mange si bien » (122 : 337), formule de portrait « parfait »,
d'une écriture qui s'attache délibérément au particulier. A chaque
fois, La Bruyère n'a qu'un trait à exposer qui agit comme moyen
moteur du texte. Peu d'écrivains ont avoué davantage, par l'exercice de leur thème même, qu'ils avaient l'intention de produire
un petit chef-d'œuvre qui, toutes proportions gardées, pourrait
se rapprocher de la perfection de la tragédie ou de la comédie.
La Bruyère est un ouvrier méticuleux et dont toute l'invention
se prouve dans cet exercice, s'enfermant dans chaque propos
comme pour éviter toute possibilité d'errance et s'assurer une
incomparable maîtrise dans un domaine très particulier du
scriptural.

Ceci révèle d'une manière très nette un procédé fréquent
chez La Bruyère — tout prétexte est bon, même s'il est contraire
au bon sens, à la vérité, à la raison. L'idée qu'il écrit sans être
rémunéré (21 : 356) est sans doute une exagération de sa part
ou une pure invention, mais il n'y résiste pas, car c'est pour lui
l'occasion de faire de lui-même un caractère insolite. Lui qui est
déterminé dans sa vie par la volonté d'écrire va jusqu'à dire :

« qu'on ne me parle jamais d'encre, de papier, de plume, de style, d'imprimeur, d'imprimerie... » (21 : 356), faisant le procès de toute son existence pour l'amour d'un paradoxe qui est un très bel exercice de style. Il exploite encore ce thème en imaginant un public qui souhaiterait de sa part « un ouvrage suivi, méthodique, qui n'a point de fin » (21 : 356), sur toutes les vertus et tous les vices, poussant l'audace jusqu'à donner à ce public imaginaire le droit de lui proposer une écriture contraire à celle qu'il aura adoptée. Entraîné par l'idée de l'acte d'écrire qu'il prétend abhorrer, il va jusqu'à suggérer, pour signifier son amertume d'auteur qui n'est pas payé, que tous les livres lui sont insupportables : « *Bérylle* tombe en syncope à la vue d'un chat, et moi à la vue d'un livre » (21 : 356). La transition entre avoir « un grand nom » et « beaucoup de gloire » et n'avoir pas d'argent se fait par une certaine dissimulation comprise dans l'emploi d'une expression métaphorique : « Ai-je un grain de ce métal qui procure toutes choses ? » (21 : 357), puis par des allusions plus directes à ceux qui gagnent de l'argent — dénigrement donc de leur statut pour accuser davantage l'injustice dont il croit souffrir. Par la voie de la comparaison — « on paye au tuilier sa tuile, et à l'ouvrier son temps et son ouvrage » — il en arrive à son cas particulier : « paye-t-on à un auteur ce qu'il pense et ce qu'il écrit ? » (21 : 357). Ce qu'il pourrait y avoir de « sacré » (selon La Bruyère) dans l'acte d'écrire est mis au niveau d'un métier bien rémunéré qui donnerait toute liberté à l'auteur. Par ce biais satirique, ce fragment de texte a acquis une force de style imposante.

Examinons enfin le « portrait » de Ménalque, le distrait. La Bruyère nous avertit : « Ceci est moins un caractère particulier qu'un recueil de *faits de distractions*. Ils ne sauraient être en trop grand nombre s'ils sont agréables, car, les goûts étant différents, on a à choisir »[24]. Ce portrait est en effet formé d'une série de « faits de distractions », qui constituent des scènes brèves, écrites toutes dans un style incisif, chaque phrase visant à frapper, en général, par le pittoresque, l'exceptionnel. Il y a dans tout cela une telle volonté de créer du comique, que le portrait finit par être surchargé. Un trait détruit l'autre : Ménalque sortant de chez lui « s'aperçoit qu'il est en bonnet de nuit ... se trouve

---

24. Note de La Bruyère, p. 298.

rasé à moitié... voit que son épée est mise du côté droit, que ses bas sont rabattus sur ses talons, et que sa chemise est par-dessus ses chausses » (7 : 298). Devant ce portrait de distraction totale, on songe à Montaigne quand il dit : « Je desdaigne de m'amender à demy. Quand je suis en mauvais estat, je m'acharne au mal ; je m'abandonne par desespoir et me laisse aller vers la cheute et jette, comme on dict, le manche après la coignée ; je m'obstine à l'empirement et ne m'estime plus digne de mon soing : ou tout bien, ou tout mal »[25]. En quelques lignes, La Bruyère entreprend de résumer les événements essentiels de la vie du distrait : « lui-même se marie le matin, l'oublie le soir, et découche la nuit de ses noces ; et quelques années après il perd sa femme, elle meurt entre ses bras, il assiste à ses obsèques, et le lendemain, quand on vient dire qu'on a servi, il demande si sa femme est prête et si elle est avertie » (7 : 300).

Par l'accumulation d'innombrables « faits », La Bruyère vise à découvrir un défaut et à en démontrer le mécanisme, mais il lui faut le multiple afin de délimiter l'unique. Il découpe en mille lanières le tissu du portrait, aboutissant à une déformation caricaturale. Qu'y a-t-il en effet de plus singulier, de plus impossible et irréel que Ménalque — dont le nom d'ailleurs pourrait suggérer le Maniaque ? Où pourrait-on en trouver un modèle ? Un seul exemple de distraction suffisait pour situer Ménalque — La Bruyère s'est laissé entraîner par l'imagination, particulièrement féconde sur ce sujet ; il n'a pas résisté au plaisir d'énumérer, de répéter, d'« enfoncer (s)on sens », comme disait Montaigne. Tout au long de ce portrait très étendu (6-7 pages) et de la plus constante densité, La Bruyère passe d'un exemple à l'autre sans aucun souci de progression dramatique, chaque exemple de distraction se suffisant à lui-même. Le caractère est composé de traits qui contiennent en eux des germes de comédie, mais sont loin d'être propres à susciter une action théâtrale, car ils sont repliés sur eux-mêmes[26] ; ils provoquent un arrêt d'action plus

---

25. III, ix, p. 924.
26. « Déjà, en lisant le portrait de Ménalque, nous sommes frappés de ceci : que chacun des traits rapportés est comique, et que l'ensemble du portrait l'est fort peu. Ménalque nous paraît un personnage mécanique créé pour supporter tous ces traits de distraction, laborieusement colligés, et dont l'accumulation est invraisemblable. Ce qui lui manque absolument c'est le mouvement, et par conséquent la vie. Ce portrait, si artificiellement

qu'ils ne suscitent une trame fondée sur le dialogue ou l'échange. Le tout est essentiellement statique ; le critique est à l'œuvre dans la composition du portrait, ne permettant pas au personnage de changer ou de se développer. Soucieux de faire un portrait qu'il souhaite aussi définitif que possible, il aboutit à un type figé et sans résonance dramatique.

Ménalque perd à chaque étape de l'écriture de sa vraisemblance. L'accumulation de traits ou de « faits » de distraction contribue à faire de lui un type indéfinissable. La Bruyère émet lui-même un jugement sur Ménalque : « Vous le prendriez souvent pour *tout ce qu'il n'est pas* : pour un *stupide,* car il n'écoute pas, et il parle encore moins ; pour un *fou,* car outre qu'il parle tout seul, il est sujet à de certaines grimaces et à des mouvements de tête involontaires ; pour un homme *fier* et *incivil,* car vous le saluez et il passe sans vous regarder... pour un *inconsidéré,* car il parle... de roture devant des roturiers qui sont riches et qui se donnent pour nobles » (7 : 303-04). Il est ainsi ce que l'auteur veut qu'il soit : un grand distrait, le type du distrait qui ignore ce qui existe autour de lui et s'abandonne à sa nature : « il ne regarde ni vous ni personne, ni rien qui soit au monde » (7 : 304).

La Bruyère passe par toute la gamme des divers faits de distraction, des traits plausibles à d'autres qui le sont moins : il demande ses gants qu'il a en main, prend sa pantoufle pour son livre d'heures, son chien pour une cassette qu'il enferme dans une armoire, le cornet de dés pour un verre, et un verre d'eau pour des dés qu'il jette dans le trictrac ; il oublie de regarder l'heure à la montre qu'on lui présente, et la jette dans la rivière et cent autres exemples de cette sorte. Écrire le « distrait », c'est de la part de l'écrivain, une immense distraction ; ce texte anormal l'occupe et l'obsède au point qu'il en oublie

---

construit, paraît égaré dans le monde. C'est que le distrait n'est pas un caractère, mais le contraire d'un caractère, et à plus forte raison d'un caractère comique. Un distrait c'est une série d'actes de distraction, avec lesquels on ne peut ni remplir cinq actes, ni créer un mouvement continu et croissant » (Albert Thibaudet, *Le Bergsonisme,* Paris : Gallimard, 1923, t. 2, p. 93). L'échec du *Distrait* de Regnard, qui s'était efforcé de dramatiser le « caractère » de La Bruyère, en fournit la preuve.

les autres, et qu'il devient lui-même le véritable *distrait*[27]. Ce texte est en effet contraire aux « caractères » habituels dans lesquels il y a un certain développement, une juxtaposition d'éléments visant à une pointe. Ici, tout est pointe. Dès sa première phrase, La Bruyère atteint un maximum d'intensité ; Ménalque est tout entier dans une seule de ces actions ridicules. L'accumulation qui suit ne fait que renforcer le thème, mais tout en l'affaiblissant également, car une telle quantité de traits semblables se détruisent les uns les autres et, surtout, font valoir l'écrivain aux dépens de la validité de son personnage[28].

La Bruyère est si totalement envahi par son sujet qu'il en vient à en faire un personnage grotesque. Ses méprises ne proviennent que de la volonté chez l'écrivain de trouver un comique exceptionnel, au risque de tomber dans le tragi-comique, surtout quand il choisit l'église comme lieu de scènes étranges : « il s'avance dans la nef, il croit voir un prie-Dieu, il se jette lourdement dessus : la machine plie, s'enfonce, et fait des efforts pour crier ; Ménalque est surpris de se voir à genoux sur les jambes d'un fort petit homme, appuyé sur son dos, les deux bras passés sur ses épaules, et ses deux mains jointes et étendues qui lui prennent le nez et lui ferment la bouche ; il se retire confus[29], et va s'agenouiller ailleurs » (7 : 300). Au moment où La Bruyère parle de distraction, tout est distraction, comme, pour Montaigne, parlant de la vanité, tout est vanité. La distraction devient le sujet ludique par excellence et La Bruyère ne se lasse pas de trouver dans chaque action un germe de comique. Malgré le désir de vérité qui semble le guider dans ses investigations — c'est

---

27. « Quand La Bruyère rencontra ce caractère sur son chemin, il comprit, en l'analysant, qu'il tenait une recette pour la fabrication en gros des effets amusants. Il en abusa. Il fit de Ménalque la plus longue et la plus minutieuse des descriptions, revenant, insistant, s'appesantissant outre mesure. La facilité du sujet le retenait » (Bergson, *Le Rire*, p. 12).

28. Tout ceci est une autre preuve de l'inattention de ceux — y compris Julien Benda (dans son édition des *Oeuvres complètes*, Paris : Bibliothèque de la Pléiade, 1951, p. 703) et R. Garapon (dans son édition, p. 298) pour qui Ménalque est le comte de Brancas — qui s'entêtent à voir ici un modèle et s'en tenir aux clefs traditionnelles.

29. Ce « confus » est surprenant dans ce texte, car le distrait ne devrait pas trouver des raisons de confusion ou de repentir. Sa distraction s'exerce aussi dans ce domaine. Nous pouvons donc trouver cette confusion comme une faille dans la fabrication du « caractère » et une indication que les intentions de La Bruyère ne sont pas toujours très nettes.

du moins ce qu'il voudrait nous faire entendre — le texte l'oblige à mentir : le caractère est factice par exagération. La Bruyère tombe alors dans l'hyperbole qu'il devrait condamner, selon les exigences de son siècle. La surcharge dans les traits composant ce « caractère » est aux antipodes de la litote qui est l'un des choix du classicisme comme fondement de sa poétique.

Ce « caractère » contient des scènes qui tiennent du burlesque et que La Bruyère a approuvées pour son texte, par lequel il voulait amuser et plaire ; ce qui est hors de l'usage, le bizarre, l'exceptionnel, est devenu son option dans la détermination de ce texte hybride. Comme exemple parmi beaucoup d'autres, citons ce passage :

> On l'a vu une fois heurter du front contre celui d'un aveugle, s'embarrasser dans ses jambes, et tomber avec lui chacun de son côté à la renverse (7 : 298-99).

Ou :

> Il entre à l'appartement, et passe sous un lustre où sa perruque s'accroche et demeure suspendue : tous les courtisans regardent et rient ; Ménalque regarde aussi et rit plus haut que les autres, il cherche des yeux dans toute l'assemblée où est celui qui montre ses oreilles, et à qui il manque une perruque (2 : 299).

Ou encore :

> On a inventé aux tables une grande cuillère pour la commodité du service : il la prend, la plonge dans le plat, l'emplit, la porte à sa bouche, et il ne sort pas d'étonnement de voir répandu sur son linge et sur ses habits le potage qu'il vient d'avaler. Il oublie de boire pendant tout le dîner ; ou s'il s'en souvient, et qu'il trouve qu'on lui donne trop de vin, il en *flaque* plus de la moitié au visage de celui qui est à sa droite... (7 : 302).

Par ces innombrables « faits », Ménalque est tout ce qu'un homme (raisonnable) ne doit pas être. Une vaste leçon s'en dégage : Ménalque est l'être asocial parfait dans une société soucieuse de bienséances et d'élégance. Il est une sorte d'Alceste qui, par sa franchise et ses actions bizarres, s'oppose à une société qu'il pouvait trouver trop polie et qui se comporte d'une manière incongrue dans ce milieu. Ménalque n'est jamais lui-même, car il est incapable de se posséder en aucun instant ; sa grande distraction, c'est d'oublier de vivre. Non seulement il ne voit pas en lui-même, mais il est inadapté à ceux qui l'entourent.

Voici donc un texte-clé dans la production de La Bruyère, égaré dans le chapitre *De l'homme*, puisqu'il s'agit d'un personnage factice et qui agit en marge de toute préoccupation humaine raisonnable. Un élément mimétique intervient dans la présentation du caractère ; il sera dit dans une prose alerte mais lestée de très peu de véritable substance. A l'intérieur des scènes (des *faits*), elle sert à l'agencement d'une petite histoire ou anecdote mouvementée, mais après chaque scène s'en amorce une autre, fondée sur les mêmes principes de recherche de l'outré et du comique à tout prix. L'ensemble en est statique ; dans six ou sept pages, on aura piétiné sans progresser. La seule progression possible serait dans l'agrandissement de plus en plus détaillé et informé du portrait. La quantité est sa véritable qualité.

On y remarque aussi un certain vide dans le domaine métaphorique. Le portrait en effet ne contient aucune image, aucune comparaison. Ce distrait, poussé à l'extrême, pourrait être celui qui vit en dehors de lui-même pour appartenir tout entier à cet autre grand distrait qu'est l'auteur lui-même — distrait dans ce sens qu'il s'écarte dans le portrait de ce qui appartient à ses tendances raisonneuses et rationnelles, celles qu'il prouve dans les maximes et les caractères « sérieux » desquels on peut déduire une leçon. Ménalque, c'est, grossi dans d'invraisemblables proportions, le personnage extravagant affectionné de La Bruyère, comme l'amateur de tulipes, l'amateur d'oiseaux, etc. Il est conçu aussi à l'encontre de ces personnages parfaitement vains et vides qui peuplent les *Caractères*[30]. Ménalque, lui, peuple son monde d'une quantité de faits qui finissent par acquérir une certaine substance — même si elle prospère du côté du grotesque.

---

30. « Quand La Bruyère dit de son Ménalque que " ceci est moins un caractère particulier qu'un recueil de faits de distractions ", il faut entendre par là que toutes les distractions énumérées ne sont pas réellement celles d'un seul homme, fût-il fictivement nommé, comme cela se produirait dans un récit véritable (ordre métonymique) ; mais qu'il s'agit plutôt d'un *lexique* de la distraction dans lequel on peut choisir "selon son goût" (ordre métaphorique). On approche ainsi, peut-être, de l'art de La Bruyère : le " caractère " est un *faux récit*, c'est une métaphore qui prend l'allure du récit sans le rejoindre vraiment... » (Barthes, « La Bruyère », p. 233).

6. LES MANIAQUES

Dans *De la mode* — qui est probablement la suite la plus soutenue des *Caractères* — La Bruyère s'astreint à montrer la petitesse de l'homme qui se manifeste dans « l'assujettissement aux modes » (1 : 393). La curiosité pour ce qui est « rare, unique, pour ce qu'on a et que les autres n'ont point » (2 : 393) prouve la faiblesse de l'homme par l'insignifiance des objets de sa curiosité. Les modes sont un sujet idéal de « caractère » parce qu'elles sont une exception, une façon de sortir de la norme, de se distinguer de la masse. Elles sont nées hors d'une constante — le souci d'une vertu fondamentale et essentielle; elles appartiennent plutôt à l'extérieur, non pas « un attachement à ce qui est parfait ou nécessaire, mais ce qui est *couru* » (2 : 393)[31].

Qu'il s'agisse des modes ou des styles, La Bruyère s'intéresse plus à ce qui s'éloigne de la règle et se situe du côté du particulier, qui a donc du « caractère ». Les portraits qui se succèdent (le fleuriste, l'amateur de tulipes, de prunes, etc.) sont autant de caricatures où prédomine l'hyperbole comme moteur. Le fleuriste est un maniaque à plusieurs degrés, non pas seulement amateur de fleurs, mais de tulipes, puis d'une seule tulipe pour laquelle il a une passion unique et irraisonnable, la *Solitaire* — seule, en effet, isolée parmi toutes les possibilités d'adoration, véritable substitut d'amante — qu'il « contemple et admire », ayant devant elle « le cœur épanoui de joie » (2 : 394); puis s'assimilant à la fleur, « Vous le voyez planté, et qui a pris racine au milieu de ses tulipes » (2 : 393), allant jusqu'à admirer dans cette tulipe d'élection non pas l'ouvrage de Dieu ou de la nature, mais l'*oignon*, si admirable qu'il ne le « livrerait pas pour mille écus » (2 : 394). Par cette progression dans la voie de la folie, on est autorisé à voir une image du fonctionnement de l'écriture devant son objet et passant par tous les stades de 1) l'observation

---

31. Les portraits de La Bruyère sont « principalement ceux d'originaux, d'excentriques qui se sont, au sens littéral, décentrés par rapport à leur lieu et à leur être. La peinture des *caractères* est moins celle de types que celle d'individus qui méritent d'être fustigés par le rire pour être sortis de leur place, comportement insolite, contraire à la norme et à l'ordre dont le moraliste les châtiera en les représentant, en les *marquant* dans toute leur extravagance » (Louis Van Delft, « Du Caractère, de Théophraste à La Bruyère », *Papers on French Seventeenth Century Literature*, Actes de Berkeley, 8 (1981) 183).

ou contemplation, 2) la description, 3) la métaphorisation, 4) l'exagération, 5) l'extravagance. En fin de portrait l'écrivain est devenu ce qu'il écrit ; lui-même a pris racine, tel l'amateur de la tulipe unique, dans le champ de son texte.

Dans ce portrait où La Bruyère relève chez les hommes le manque de raison dans leurs passions, dont les objets sont minimes — « Cet homme raisonnable, qui a une âme, qui a un culte et une religion, revient chez soi fatigué, affamé, mais fort content de sa journée ; il a vu des tulipes » (2 : 394) — il tombe, lui aussi, dans l'illogisme, qui se manifeste dans les hyperboles. S'il va du sublime au ridicule, de Dieu à l'oignon, c'est que le styliste en lui se plaît à ces contrastes, sources de surprise, donc de plaisir — de l'auteur d'abord puis du lecteur. Il aurait pu condamner « l'assujettissement aux modes » avec des exemples d'ordre général et qui auraient relevé le côté universel de ce travers humain, mais ici, peut-être parce qu'il devait prouver son originalité, il s'est dirigé de plus en plus dans la voie de l'atténuation. Il révèle ainsi les motifs de son écriture — possible dans une oscillation constante de la maxime à son illustration : d'une part, vérité simplifiée, exprimée dans la *maxima sententia* ; d'autre part, simplification, mais par hyperboles, des actions du maniaque. Par ce détour, une autre vérité d'ordre universel sera proclamée : la folie humaine dont le fleuriste n'est qu'un exemple. Il s'agit d'un faux culte, d'une fausse religion, donc d'un emploi discutable des facultés de son âme.

Il y a une faille dans cet engouement pour les tulipes qui est ainsi passager ; le fleuriste ne donnerait pas son oignon pour mille écus, mais il le donnerait pour rien quand les tulipes seront négligées et que les œillets auront prévalu. Ainsi le portrait invraisemblable aura été dicté dans ses intenses exagérations et déformations pour aboutir à cette pointe — négative quant à la dynamique du « caractère ». Sa passion extrême doit être déterminée par la mode, donc passion doublement folle puisque d'abord elle possède tout l'être, puis, dans l'optique des modes frivoles et changeantes, elle est réduite à zéro. Nous avons assisté à une série de faux-fuyants, de vérités temporaires et variables — ce jeu de miroir est un des charmes de cette œuvre et l'une de ses constantes.

Le temps paraît, dans cette optique, une idée tangible,

problématique, menacée et menaçante (l'homme et l'emploi contestable de son temps), mais sous le « jeu » de la tulipe se cache sans doute une vérité fondamentale chez La Bruyère : le temps, même employé à des desseins plus nobles, n'est-il pas inutile et mal employé ? Le temps — celui des hommes sur la terre — qu'il soit consacré à des vétilles, des folies ou des occupations plus dignes, passe pour tous avec la même rapidité et sans laisser de valeurs durables et incontestées. Et le temps que La Bruyère passe à recenser ces vanités, n'est-il pas — comme l'amateur de tulipes — un autre exemple de la futilité de nos occupations ? Le goût du singulier a obnubilé chez le fleuriste le sens de la durée humaine, de la noblesse de l'esprit, mais pour en faire ressortir d'autant mieux le vide, son appartenance au néant. La Bruyère fonde donc sur le particulier, voire le bizarre, le sens de son texte, auquel il veut donner un sens universel ; il vise par les moyens du comique d'exagération dans le particulier au portrait parfait d'une imperfection, d'une idée fixe. Cet amateur ne s'intéresse qu'à une seule variété dans le monde des fleurs et on pourrait voir dans cette *Solitaire* la métaphore d'une écriture qui voit sa raison d'être dans un choix du particulier et d'une précision extrême. C'est l'écrivain qui se plaît à la présentation d'un personnage unique donc impossible, c'est lui surtout qui a la curiosité de l'insolite. Ce goût finit par le conduire à une extravagance contraire à ses idées fondamentales sur la vérité — rien n'est moins « vrai » que ces caractères du genre amateur de tulipes.

Dans ses meilleurs moments, La Bruyère souhaite un texte qui soit un objet parfait, sans autre sens que sa perfection. Chez lui on a l'impression d'assister au « lavage » d'un sujet dont le sens doit se soumettre à la prédominance d'une stricte construction de texte. Ce procédé de fragmentation dans la voie du minime se retrouve dans l'exemple de l'amateur de prunes : « Parlez à cet autre de la richesse des moissons, d'une ample récolte, d'une bonne vendange : 1) il est curieux de *fruits* », 2) non pas de figues, de melons, de poiriers, de pêchers, mais de *pruniers,* 3) non pas les pruniers des autres, mais *ses pruniers à lui,* 4) et parmi ses pruniers, « *une certaine espèce* » (2 : 394). L'ironie est ici, parallèlement à l'hyperbole, la figure qui dirige l'écriture pour isoler le personnage amateur de raretés : « Il vous mène à l'arbre, cueille artistement cette prune exquise ; il l'ouvre, vous en donne la moitié, et prend l'autre : "Quelle chair ! dit-il ;

goûtez-vous cela ? cela est-il divin ? voilà ce que vous ne trouverez pas ailleurs." (2 : 394). Cette expertise fait de lui un « homme divin », « homme qu'on ne peut jamais assez louer et admirer », « homme dont il sera parlé dans plusieurs siècles » (2 : 394). Son seul titre de gloire — alors que les hommes autour de lui pourraient se distinguer par des hauts faits — est une prune : « que je voie sa taille et son visage pendant qu'il vit ; que j'observe les traits et la contenance d'un homme qui seul entre les mortels possède une telle prune ! » (2 : 394). Le mouvement du « caractère » dépendait d'une division infinitésimale du sujet pour aboutir à une pointe. Les intentions de La Bruyère, qui sont d'abord sans doute d'ordre moral (il s'agit de relever et de blâmer une manie), finissent par devenir des intentions essentiellement scripturales : il a voulu élaborer un « caractère ».

Dans le portrait de l'amateur d'oiseaux, selon un mouvement propre au texte de ce jour, La Bruyère se fondera sur la quantité. Ici la manie s'empare d'une vie pour la transformer et la déformer jusqu'au grotesque : sa maison n'est pas égayée, mais *empestée* (2 : 397). Ainsi dans l'alchimie du caractère ironique et satirique, les oiseaux sont devenus une source de supplice. Nous pourrions voir dans sa transformation à la fin où, dans son sommeil, l'amateur devient lui-même oiseau, la métaphore précise de l'auteur de l'amateur d'oiseaux qui a été complètement changé, déformé par le sujet même. Diphile est un autre caractère qui agit nettement comme une image du texte qui se développe ; fondé sur une strate sémantique minime, il devient immense. Les transformations sont ici des métaphores de l'action du texte sur l'auteur et son thème :

1) croissance exagérée, image du texte qui va se propager, fondé sur la quantité ; « *Diphile* commence par *un* oiseau et finit par *mille*... » (2 : 397).

2) invasion, image d'expansion textuelle, la maison transformée et métamorphosée : « la cour, la salle, l'escalier, le vestibule, les chambres, le cabinet, tout est *volière*... » (2 : 397).

3) paroxysme du bruit provenant de la présence des oiseaux : « ce n'est plus un ramage, c'est un *vacarme*... » (2 : 397).

4) l'habituel transformé en exceptionnel : « ce n'est plus pour Diphile un agréable amusement, c'est une affaire *laborieuse*... il passe ses jours à verser du grain et à nettoyer des ordures » (2 : 397).

5) l'universel auquel on arrive à travers le particulier, la méditation sur la fuite du temps : « *ces jours qui échappent et
   qui ne reviennent plus...* » (2 : 397).

6) contradiction qui est l'occasion d'une « pointe » frappante : alors que ses enfants sont sans maître et sans éducation, il donne une pension à « un homme qui n'a point
   d'autre ministère que de siffler des serins au flageolet et
   de faire couver des canaris » (2 : 397-98).

7) toutes ces exagérations et déformations aboutissant à
   l'exemple ultime de cette manie qui possède Diphile tout
   entier : « il est huppé, il gazouille, il perche ; il rêve la
   nuit qu'il mue ou qu'il couve » (2 : 398).

Ce genre de sujet est si lié à sa manière, que La Bruyère ne
se lasse pas de trouver encore de nombreux exemples de ces
maniaques, possédés par une passion unique pour l'exceptionnel
qui confine au bizarre :

1) l'amateur de médailles qui, au lieu d'y voir des références
   historiques, n'en connaît que « le *fruste,* le *flou* et la
   fleur de coin » (2 : 395), ces connaissances spéciales ridi-
   culisées non seulement par ces termes techniques en ita-
   liques dans le texte, mais aussi sans doute par ce jeu de
   fricatives.

2) l'amateur d'estampes, attaché à une estampe mal gravée,
   mal dessinée, mais qui est unique en France (2 : 395).

3) l'amateur de livres qui ne lit pas, mais s'intéresse uniquement aux reliures et ornements, si bien que ce qu'il
   appelle bibliothèque est vraiment une « tannerie » (2 :
   396).

4) l'amateur de bustes rares « déjà poudreux et couverts
   d'ordures » (2 : 397) qui vit dans la misère parce qu'il ne
   peut pas se résoudre à les mettre en vente.

5) l'amateur de bâtiments qui se fait construire un « hôtel si
   beau, si riche et si orné, qu'il est inhabitable (2 : 397).

6) l'amateur de coquilles, qui les vante « comme ce qu'il y a
   sur la terre de plus singulier et de plus merveilleux » et
   qui les achète « au poids de l'or » (2 : 398).

7) l'amateur d'insectes, « le premier homme de l'Europe
   pour les papillons » (2 : 398), plongé dans une « amère
   douleur » (2 : 398) par la perte d'une chenille.

Tout ceci dépasse évidemment de beaucoup la copie de la réalité
que les clefs des personnages des *Caractères* auxquelles les critiques veulent absolument nous renvoyer. Diphile, par exemple,

n'est plus, par la magie de l'écriture, ce Santeul que l'on propose comme modèle, qui « aimait beaucoup les serins et en élevait dans toutes ses chambres »[32].

On pourrait établir une comparaison entre ces personnages maniaques et ceux qui peuplent les îles du *Quart Livre* de Rabelais. Il n'est pas impossible d'ailleurs de penser que La Bruyère aura pu être encouragé dans les voies de l'exagération et du fantasque par ce Rabelais qu'il estimait tant dans ses meilleurs moments. Il s'agit véritablement chez tous deux d'une attitude insulaire — les personnages des *Caractères* s'isolent en effet du reste du monde, perdent tout moyen de comparaison avec les autres. Ces exemples sont le contraire de la mode formée et approuvée par toute une société. Ces fervents d'une seule mode, la leur, pèchent par raideur, manque de soumission à l'approbation générale. Stylistiquement, La Bruyère est à la recherche de l'extravagance dont il veut faire sa mode. Tout ceci pourrait aussi procéder de l'idée que tout a été dit sur les modes : il s'en créera donc de personnelles.

Peut-on trouver de meilleurs exemples de l'autonomie de La Bruyère comme écrivain ? Il oblige le lecteur au déchiffrement de l'extravagant, mais qui est devenu un style exceptionnel[33]. La Bruyère excelle dans son traitement de ces petits sujets ; il révèle la vanité de ses personnages préoccupés de peu de chose pour accuser la sienne. Le « caractère » en effet n'est-il pas, dans le domaine de l'écriture, un genre très particulier et fondé sur l'inattendu ? Dans sa singularité, le caractère est la prune unique de l'amateur de fruits, la chenille de l'amateur d'insectes. La passion, chez les dramaturges qui jouent à un niveau universel et profondément humain est, pourrait-on dire, parodiée chez La Bruyère quand il la montre attachée à des objets « indignes ». Contrairement à l'amour qui envahit et dévore le cœur, ce sont des frivolités qui ne peuvent amuser que l'esprit, donc de fausses passions, qui sont pourtant envahissantes.

La Bruyère a compris sa manière à lui par rapport aux auteurs de maximes tels que La Rochefoucauld. Ce dernier

---

32. Note de l'édition Garapon, p. 397.
33. Et qui ne sera jamais imité par aucun écrivain.

garde dans son œuvre le souvenir des complexités et des obscurités d'où les passions procèdent; La Bruyère, au contraire, vise à une plus grande clarté, le sujet n'existant pour lui que dépouillé de ses ténèbres. La Rochefoucauld s'intéresse surtout au moi dans le monde, mais le moi global, social[34], alors que La Bruyère met davantage en relief l'homme à qui il manque un moi, qui est le produit ou la victime de sa condition sociale. Ses personnages ne jouent pas des rôles — ils *sont* des rôles.

Dans ces nombreux portraits où prédomine la référence au singulier, on pourrait voir le poète à l'œuvre chez La Bruyère, sensible à la beauté des choses, mais vue sous le voile de l'ironie et de la satire aimable. La Bruyère, se mettant à la place de son amateur de tulipes, en vient à faire l'éloge de la fleur comme un poète exaltant la femme aimée. Il y a ici une transposition des sentiments d'amour parmi les humains et de l'envoûtement des maniaques. Par cette voie détournée de l'écriture de caractères, il y a un éloge qui pourrait provenir d'une certaine observation et d'un certain amour pour la nature — ce qui est rare au XVIIe siècle :

> il la voit de plus près, il ne l'a jamais vue si belle...
> aussi est-elle nuancée, bordée, huilée, à pièces emportées; elle a un beau vase et un beau calice... (2 : 394).

Le lecteur est alerté par le détail choisi par l'auteur pour situer son personnage. Chez Iphis, par exemple, c'est le soulier d'une nouvelle mode qu'il voit à l'église et par rapport auquel il ne se croit plus habillé. Ceci annonce le portrait que La Bruyère fait d'Iphis, l'efféminé — son nom seul pouvait le suggérer par son anagramme imparfaite et par le caractère mou et amorphe de ses vocables. Tout ceci nous achemine vers une pointe — l'une des plus réussies de La Bruyère; après avoir relevé ce qu'il a de masculin dans son costume — les chausses, le chapeau — et fait remarquer qu'il ne porte ni boucles d'oreilles, ni collier, ni perles, il conclut : « aussi ne l'ai-je pas mis dans le chapitre des femmes » (14 : 403).

---

34. Voir Tzvetan Todorov, « La comédie humaine selon La Rochefoucauld », *Poétique*, 53 (1983), 37-47.

Dans la succession des petits textes de La Bruyère, nous pouvons voir une progression dans la voie de la destruction. Ceci est trop récurrent pour qu'on ne trouve pas, sous-jacente ou parallèle au thème, la métaphore d'une écriture dont le destin est déterminé par un éléments négatif. La perfection du schéma est en elle-même une condamnation de cette écriture qui se veut limitée, mais qui par là indique une certaine infériorité quant aux écritures dramatique, romanesque, épique. Le caractère d'Eustrate en est peut-être l'image la plus claire. Le bonheur de son aventure — il est assis dans sa nacelle où tout est de bon augure, où « il jouit d'un air pur et d'un ciel serein » (9 : 400) — est à peine relevé que le malheur conduisant à sa chute est annoncé : « il avance d'un bon vent et qui a toutes les apparences de devoir durer ; mais il tombe tout d'un coup, le ciel se couvre, l'orage se déclare, un tourbillon enveloppe la nacelle, elle est submergée » (9 : 400). Les efforts d'Eustrate, ses disparitions et réapparitions successives ne sont énumérées que pour préparer la fin : « on ne le revoit plus, il est noyé » (9 : 400). Le lecteur est perplexe devant une telle simplicité. Un autre sens que la noyade ne devrait-il pas s'y trouver, celui d'une écriture qui, dans son commencement, dans son élan, prévoit tout son bonheur, puis se voit peu à peu contestée, entravée par son destin négatif, son aventure compromise et allant peu après au-devant de sa fin ? Écriture fragile en effet qui, au moment de son fonctionnement, conçoit sa perte. La Bruyère est de ceux qu'effraie l'aventure ; s'il a tant le goût de la pointe, c'est qu'il y voit le seul moyen de rehausser son texte et de le diriger vers un but précis.

La Bruyère s'intéresse à des êtres entiers, complets, donc parfaitement uniformes ; il ne cherche pas à représenter la nature humaine dans ce qu'elle a d'inné, mais à relever les accidents des circonstances sociales ou mondaines. Montaigne est l'analyste de ces agglomérats d'illusions que la pensée de l'homme ne cesse d'engendrer, alors que La Bruyère divise et décrit à l'infini un seul trait de caractère. Il oscille — et c'est cette oscillation qui fait le texte — entre l'inertie, le statique de la maxime, le définitif de la pensée traditionnelle, et la multiplicité, la diversité du portrait, la description apparaissant sous cet angle comme une négation de la maxime, une rupture de stabilité, l'image d'une écriture dans son mouvement et non dans ses arrêts. A force d'accumuler les actions diverses, souvent contradictoires, La Bruyère crée l'illusion d'une action. Or l'acte dramatique est fait de quelques gestes fondamentaux, tandis que le « caractère », en multipliant d'innombrables références à l'action, la fige et la perpétue.

Quand on dit que La Bruyère décrit (écrit) ce qu'il a vu, on s'engage dans des spéculations dangereuses. Où distinguer entre des souvenirs d'observation et des amplifications fictives ? Qu'il y ait des amateurs d'oiseaux par exemple, c'est indéniable, mais qu'il y en ait d'aussi « parfaits » que celui de La Bruyère, voilà qui est moins probable. C'est à cela que nous pouvons mesurer les privilèges d'invention de l'auteur — qu'une once lui soit donnée du côté du monde visible et existant, il en fait des quantités incontrôlables. Ce que le texte profère, c'est le statut de l'exceptionnel, celui qui provient de la mise en écriture. Même si les portraits sont partiellement fondés sur l'observation et l'expérience, ils sortent de ce domaine du précis et du vérifiable pour tomber dans le dramatique. Ils sont invraisemblables à force d'unité, d'intentions de style, provenant d'un désir évident de produire à chaque instant un « chef-d'œuvre ». Tout en prétendant avoir vu ses personnages — c'est ce que l'on pourrait supposer d'après le ton péremptoire qu'il prend pour les dessiner — il nous donne toutes les raisons de croire qu'ils appartiennent, quant au résultat écrit, à l'imaginaire, donc au poétique.

CONCLUSION

Quand on referme le livre des *Caractères* et que l'on essaie de définir le style de La Bruyère, on s'aperçoit que cette question n'offre pas de solution unique. Dire qu'il est clair, décisif, précis, acéré, c'est parler de qualités auxquelles visaient la plupart des prosateurs « classiques », en tout cas les moralistes. La Bruyère tient à exprimer sans ambiguïté apparente ce qu'il est destiné à dire. Il a adopté un style « courant », ce style fondamental qu'adopte tout écrivain français soucieux d'une communication directe avec ses lecteurs. Il y a en littérature des styles neutres, qui appartiennent à tout le monde et où l'écrivain particulier ne se distingue pas essentiellement des autres. La Bruyère est parti d'une « manière » qui convenait à ses sujets « officiels »; le fait qu'il songe sans cesse à son public et qu'il veut en être compris et apprécié, qu'il pense aussi à son « souverain » et à la société, montre qu'il s'est soumis à un style comme on se soumet à une coutume : par là il fait sa cour et évite de déplaire. Nous pouvons cependant distinguer chez lui différents niveaux de styles, qui, rassemblés, créent ce qu'on peut appeler le style de La Bruyère, mais dont la définition dépend de son adéquation — adaptation — aux sujets qu'il traite : un style qui est tous les styles selon les exigences de l'instant de l'écriture.

Remarquons d'abord que La Bruyère ne définit que très peu le style des autres; il ne l'isole pas pour le considérer ou l'analyser. Il s'en tient à des formules très brèves; il parle du « style plein et uniforme » (39 : 80) de Malherbe; d'un « style grave, sérieux, scrupuleux » (54 : 82) comme celui d'Amyot; du « style de déclamateur » (54 : 87) de Corneille dans quelques-unes de ses meilleures pièces; ou il l'emploie dans un sens très général : « Marot, par son tour et par son style semble avoir écrit depuis Ronsard » (41 : 81); Ronsard et ses contemporains « ont plus nui au style qu'ils ne lui ont servi » (42 : 81). Il se demande « si l'on pourra jamais mettre dans des lettres plus d'esprit et de style qu'on en voit dans celles de Balzac et de Voiture » (37 : 79). Il excelle cependant à situer un écrivain par sa manière ; opposant Théophile à Malherbe, il fait, en quelques lignes, le portrait d'un style : « L'autre, sans choix, sans exactitude, d'une plume libre et inégale, tantôt charge ses descriptions, s'appesantit sur les détails : il fait une anatomie ; tantôt il feint, il exagère, il passe le vrai dans la nature : il en fait le roman » (39 : 81). Dans l'admirable comparaison qu'il établit entre Corneille et Racine, il y a évidemment l'analyse de styles opposés, de deux manières et de leurs effets sur le spectateur, sans qu'il s'attache à un examen serré de ces manières, sauf peut-être quand il définit la versification de Racine qui est « correcte », riche dans ses rimes, élégante, nombreuse, harmonieuse » (54 : 88).

Dans des chapitres tels que *Des esprits forts, De la chaire, Du souverain,* où La Bruyère emprunte une bonne partie de son argumentation, il opte, malgré lui, et par l'influence des écrivains auxquels il se réfère — sans doute inconsciemment — pour un style plus éloquent qu'il ne le serait s'il était mis au service des moments les plus personnels de son œuvre. De nombreux passages et en général les plus étendus, sur des questions de religion, s'apparentent au Montaigne de l'*Apologie de Raimond Sebond* spécialement, à Pascal, à Bossuet. Pour son argumentation contre les esprits forts — appelés ainsi, selon lui, par ironie (1 : 458) —, il accumule des arguments pêle-mêle qui rappellent nettement ceux de Montaigne, mais parfois sous la forme que Pascal leur donnera ultérieurement. Dans *De la chaire,* La Bruyère s'applique surtout à la critique et à la réglementation de l'éloquence de la chaire ; il tend à traiter les prédicateurs comme s'il faisait la leçon à un écrivain qu'il censure ; nous retrouvons ici le ton du premier chapitre, *Des ouvrages de l'esprit* :

> Il me semble qu'un prédicateur devrait faire choix dans chaque discours d'une vérité unique, mais capitale, terrible ou instructive, la manier à fond et l'épuiser ; abandonner toutes ces divisions si recherchées, si retournées, si remaniées et si différenciées... (29 : 457).

Il ramène toute la substance des sermons des prédicateurs du

temps à un exercice de rhétorique, où la vérité évangélique n'a
aucune place :

> Un 'beau sermon est un discours oratoire qui est
> dans toutes les règles... (10 : 449).

> Le solide et l'admirable discours que celui qu'on
> vient d'entendre ! (11 : 449).

> C'est avoir de l'esprit que de plaire au peuple
> dans un sermon par un style fleuri, une morale en-
> jouée, des figures réitérées, des traits brillants et de
> vives descriptions... (8 : 448).

Ici nous retrouvons l'auteur essentiel des *Caractères*, qui réduit
un sujet à son extérieur, qui excelle à arracher des masques.

Dans la dernière remarque du chapitre *Du souverain*, La
Bruyère évoquant toutes les qualités qui forment le parfait souverain — « Que de dons du ciel ne faut-il pas pour bien régner ! »
(35 : 293) — aboutit à une suite dense et d'une solide éloquence,
en un style qui n'est pas particulier, mais d'où l'on pourrait
extraire ce qui appartient plus à sa manière, un portrait qui
ne vise pas à peindre un seul être, mais un type :

> ... ces admirables vertus me semblent renfermées
> dans l'idée du souverain ; il est vrai qu'il est rare de les
> voir réunies dans un même sujet : il faut que trop de
> choses concourent à la fois, l'esprit, le cœur, les dehors,
> le tempérament ; et il me paraît qu'un monarque qui
> les rassemble toutes en sa personne est bien digne du
> nom de Grand (35 : 295).

Nous avons donc un portrait hyperbolique (parent pour les
qualités du portrait d'Aemile), mais duquel on pourrait extraire
un « caractère » possible ; il suffirait de choisir parmi les traits
énumérés du sujet, d'attribuer à un individu fictif les qualités
du souverain idéal — une naissance auguste, un air d'empire, une
parfaite égalité d'humeurs, l'esprit facile, le cœur ouvert, etc.
(35 : 293) — pour en faire un caractère, celui du souverain, selon
la formule du portrait du riche ; après l'énumération de ses innombrables qualités — « Il est de naissance auguste, il a un air
d'empire... » on dirait : « C'est un souverain » —, comme La

Bruyère avait fait attendre jusqu'à la fin, dans son portrait de Giton ou de Phédon, la solution de l'énigme. La teneur du livre, vu dans les jeux entre les manières diverses qui conviennent ou à la maxime ou au portrait ou au développement d'une scrupuleuse argumentation, témoigne d'un désir de la part de son auteur de créer une œuvre faite de fragments divers, qui sont à chaque fois l'occasion d'un style plus ou moins accentué.

Tout écrivain est déterminé dans ses sujets essentiels par le style qu'il en est venu à admettre comme sien. Les profondeurs de La Bruyère restent dans l'analyse des aspects extérieures de l'homme : sa présomption, sa vanité ; tout ce qui n'est pas l'homme, mais une apparence, une approximation. La Bruyère, que l'on se représente en marge de la société dont il fait l'objet de sa critique, a fini par se créer un monde à lui, quasi-imaginaire, fait de distraits, de vaniteux, d'ambitieux et d'autres excentriques. Les défauts, fortement soulignés pour qu'ils conviennent au genre « caractère », s'y ajoutent en une comédie où le ludique transforme les vices pour en faire des sujets de divertissement. Le solitaire a inventé des personnages qui sont des prolongations ou des projections de sa propre solitude : maniaques, victimes d'une idée fixe, s'isolant par leurs vices, se contentant d'eux-mêmes et ne se manifestant que par leur inanité. Comme ils n'ont pas de communication avec la société, ils n'ont guère de communication entre eux au niveau du texte ; ils font une apparition brève, éphémère et cèdent ensuite la place à d'autres ; ils durent ce que dure le fragment qui les incorpore.

On peut discerner fréquemment dans les *Caractères* une certaine morosité, un ton acerbe. Les remarques souvent amères sur l'homme et sa condition pourraient traduire l'attitude de l'auteur qui aurait bien pu, dans une existence faite de longs loisirs et de déceptions, ressentir cette « acédie » dont parle Sainte-Beuve à propos de Port-Royal, l'ennui des heures solitaires. La forme fragmentée de son œuvre révèle une nature craintive, presque maladive, peu propre à un travail continu de l'écriture. Que les fragments soient de Pascal ou de La Rochefoucauld ou de La Bruyère, ils n'en sont pas moins des témoignages d'une abdication devant l'œuvre de longue haleine, conçue selon un plan de développement ample et soutenu, comme la tragédie, le roman, l'épopée. Même Montaigne, qui présente une œuvre plus continue dans les *Essais*, a procédé finalement par fragments, par « lopins » et « alongeails ».

Les personnages de La Bruyère perdent leur identité d'êtres humains, dans la mesure où ils s'accommodent du milieu irréel dans lequel les plonge le texte. Pour constituer des caractères, ils doivent être entiers, brusques, extravagants. Les nuances sont abolies dans l'opposition des différences, mais pour se retrouver dans le perfectionnement d'un portrait unilatéral. L'homme riche et l'homme pauvre, par exemple, sont trop nettement l'un ou l'autre pour rester vraisemblables : l'être humain ne saurait s'accommoder de tant de netteté dans les traits. C'est ici que l'on voit la prépondérance d'une volonté d'écrivain au détriment du vrai, l'écrivain ayant une autorité tyrannique sur ses créations. La Bruyère a compris que c'est là que pouvait se manifester son originalité et que pouvait se situer son autonomie par rapport à ses contemporains. Là où le dramaturge met ses personnages en mouvement, La Bruyère tend à les figer. Ils naissent du milieu scriptural, s'engendrent eux-mêmes dans les réseaux des *Caractères*, se cantonnent résolument et définitivement dans un espace resserré selon les exigences d'une poétique fondée sur la réserve, la litote.

Dans les « caractères » du chapitre *De l'homme,* La Bruyère semble vouloir prendre la contrepartie de ce qui pourrait constituer un homme (tempérament assuré, profondeur de pensée, inquiétude métaphysique) et de ne faire de lui qu'une caricature. Il fallait, pour que les *Caractères* soient, que se proposent à l'auteur des déformations de l'homme, des annihilations de ses qualités essentielles. Dans ce genre négatif, La Bruyère excelle ; il produit inlassablement des images de maniaques vus dans l'optique de la satire : Phidippe qui « renforce les liens qui l'attachent à la vie » (120 : 335), alors qu'il est malade et près de mourir ; Ruffin content de lui-même ; Gnathon qui ne vit que pour soi ; Cliton qui ne pense qu'à manger ; N** affaibli par la maladie et pourtant se conduisant comme s'il allait vivre toujours. Quand il parle du sot qui est automate, il ne propose pas un vrai caractère ; il en fait plutôt la parodie, en même temps que la parodie de sa propre écriture. Tout ce qu'il y a précisément d'automatique, d'unilatéral et de mécanique dans les *Caractères* est exposé ici et on pourrait appliquer sans peine ce qu'il dit du sot à l'écrivain : « le poids l'emporte, le fait mouvoir, le fait tourner, et toujours, et dans le même sens, et avec la même égalité... » (143 : 343). Les remarques dans lesquelles il fait allusion à l'âme qui « n'agit point... ne s'exerce point »

(142 : 343) ne révèlent-elles pas le critique qui, dans ses analyses,
use de son esprit au détriment de son « âme » ? Son style, ayant
peur des précipices, se contente des rives.

L'homme dont parle La Bruyère est un être qui agit confor-
mément au code social et qui n'a que des connaissances limitées
sur lui-même. Aux qualités secrètes, il préfère celles qui sont
visibles; les hommes « devraient comprendre qu'il ne leur suffit
pas d'être bons, mais qu'ils doivent encore *paraître tels,* du
moins s'ils tendent à être sociables, capables d'union et de commerce, c'est-à-dire à être des hommes » (9 : 305). Si La Bruyère
est sévère pour l'incivilité, c'est que ce n'est pas un vice de l'âme,
mais qu'elle est l'effet de « plusieurs vices » qui sont tous des
travers sociaux : sotte vanité, ignorance des devoirs, paresse,
stupidité, distraction, mépris des autres, jalousie (8 : 305). L'extérieur est destiné, semble-t-il, à reproduire brillamment des apparences, des surfaces.

Même dans le chapitre *De l'homme,* La Bruyère s'intéresse
assez peu aux vices ou vertus de tout le monde; il cherche plutôt
à camper des « caractères » dont les particularités ou les idiosyncrasies le distinguent et le marquent. La Bruyère fonde sa
présentation de personnages sur l'admission de constantes,
réduction à un commun dénominateur, à certaines normes
simplificatrices, de celles qu'il a peu à peu établies au cours de
son écriture et qui lui ont fourni des personnages s'adaptant
facilement à l'acuité et la vivacité de son style. S'il se contente
d'une idée simplifiée de la nature humaine, c'est qu'il la veut
à sa mesure. En parlant de certaines gens à la cour, La Bruyère
dit qu'ils n'ont pas « deux pouces de profondeur; si vous les
enfoncez, vous rencontrez le tuf » (82 : 248). Ne pouvait-il pas
penser pourtant que ses portraits de personnages falots, tout en
extérieur et mouvements vains, ont aussi ce manque de profondeur et qu'eux aussi font voir leur tuf ? S'il blâme l'homme
inégal, c'est qu'il n'est pas un homme, mais plusieurs, aux complexions et humeurs diverses, qui se multiplie et « se succède à
lui-même » (6 : 298). L'individu, dans ce milieu de restriction,
se manifeste par *une* qualité, *une* nature, *un* vice. La Bruyère,
semble-t-il, croit en une constante de vertu chez les gens honnêtes dont le génie « qui est droit et perçant conduit enfin à la
règle, à la probité, la vertu » (14 : 306), le changement étant un
vice quant à l'idéal d'unité inhérent à la conception qu'il se fait
de l'homme.

La Bruyère se manifeste de la manière la plus personnelle dans les portraits d'hommes vides, qui ne sont pas eux-mêmes, n'existent que par les autres, caractères annihilés par l'écriture même. C'est indubitablement dans ce genre — voir l'amateur de tulipes, l'amateur d'oiseaux, le riche, le pauvre, etc. — qu'il a ses plus sûres réussites. Ici encore, on pourrait trouver, aux environs de La Bruyère, des textes qui s'apparentent par certaines manières au sien. Tout auteur de portrait pourrait travailler selon une recette assez semblable ; il s'agit de choisir quelques traits, de les grossir, de les manipuler, en vue d'un effet final, avec ironie. Mais où La Bruyère est sans doute inimitable, c'est dans la légèreté avec laquelle il manie le sujet, une simplicité extrême d'éléments syntaxiques convenant parfaitement à des personnages vains, dépouillés, réduits à rien par l'exercice de l'écriture.

Dans la composition des portraits — beaucoup plus que dans les maximes — La Bruyère se révèle poète. C'est ici qu'il invente vraiment, qu'il prouve son « génie », que l'*homo faber* agit dans une référence accusée aux figures de rhétorique comme moyens d'expression. Les *Caractères* — dans leurs meilleurs moments — sont écrits dans un style fondé sur les surprises du poétique, alors que les maximes, les réflexions et les « pensées » sont proférées dans un style plus modéré, soucieux de cerner le sujet par les moyens les plus immédiats.

La Bruyère, parfait critique de sa manière, voit au-delà de son texte deux exemples parfaits d'auteurs de maximes par rapport auxquels il s'examine. C'est comme s'il avait besoin des autres pour se voir lui-même avec une perspicacité absolue. Il se juge et, en se dénigrant par rapport à Pascal qui « veut rendre l'homme chrétien » et à La Rochefoucauld chez qui il trouve « délicatesse », « pénétration », « variété de l'expression », « grâce et nouveauté » (p. 15), il se place entre les deux, moins sublime que Pascal, moins délicat que La Rochefoucauld et les situe dans des sphères élevées qu'il ne peut pas atteindre. Il n'a de but que de « rendre l'homme raisonnable... par des voies simples et communes » (p. 15), s'arrogeant le privilège de la souplesse et d'une certaine liberté qui ne se soucie d'aucune méthode.

La maxime, qu'il adopte parallèlement au portrait, au « caractère », est en soi l'image d'une écriture repliée sur elle-même, contraire en cela à la maxime à laquelle Montaigne confie un rôle d'engendrement dans les limites du paragraphe ou du chapitre ; elle appelle le développement ; elle est lourde de nombreux sens que Montaigne a toute liberté d'amplifier. En général, les maximes de La Bruyère, par leurs affirmations simplifiées, brisent l'envol de l'écriture. D'une manière péremptoire, La Bruyère y affirme son autorité quant au goût ; il supprime le doute et s'astreint à ne croire qu'à une vérité, si bien que le lecteur *assiste* aux *Caractères*, mais ne les réinvente pas ; l'auteur s'est réservé aussi les marges de l'œuvre.

Nous pouvons penser que La Bruyère était conscient des limites des maximes qui auraient été écrites sans interruption. C'est consciemment qu'il varie les proportions de ses remarques : le trop général appelle le particulier et *vice versa*. Une leçon peut se tirer de ce travail de mosaïque : l'irrégularité dans la répartition de ces manières diverses est en soi révélatrice, métaphore de l'esprit humain qu'il dissèque et dans lequel il ne trouve rien de stable — si ce n'est son inanité. Quand il accumule maximes et exemples, il diffère de Montaigne encore une fois qui, bien qu'exploitant le thème de la diversité, de la multiplicité, traite ces sujets en se souciant de les développer en profondeur. L'espace que La Bruyère leur accorde est également l'image d'une attitude envers les sujets que l'écriture choisit. Il semble avoir l'intention de donner de la substance à son sujet par l'acuité et l'éclat du style, par les prouesses de la rhétorique, ce qui explique la conscience qu'il a de l'effet que doit produire chaque phrase par elle-même et par rapport à l'ensemble d'un chapitre.

L'écriture de La Bruyère pourrait nous leurrer par sa lucidité même. En apparence nettement délimitée, elle laisse pourtant au lecteur quelques ambiguïtés à résoudre. Où est le véritable La Bruyère, où cerner sa personnalité dans ces nombreux fragments, qui sont à chaque fois une fuite loin du moi ? Un jeu se livre entre celui qui a vécu et celui qui écrit, entre les expériences intimes et celles qu'il aurait apprises par l'action de l'écriture. La Bruyère ne pouvait pas se dépeindre ouvertement en un siècle où l'on s'intéressait plus au moi social qu'au « moi haïssable ». Il n'avait donc pas la même liberté que Montaigne dans l'examen de lui-même — liberté que le XVIIe siècle, Port-Royal en tête, lui reprochait d'ailleurs. La Bruyère devait se contenter d'être spectateur de la comédie des autres sans songer à se révéler lui-même.

La Bruyère était très préoccupé de la dichotomie qui existe entre l'homme qui vit et celui qui écrit. L'objet de son regard est de discerner le vrai sous l'apparence, tout en se méfiant de ce qu'elle dissimule : « La physionomie n'est pas une règle qui nous soit donnée pour juger des hommes; elle nous peut servir de conjecture » (31 : 362). Dans *Des jugements,* il relève la disparité qui existe entre l'extérieur de l'écrivain et son œuvre qui proviendrait de sa vie intérieure. Il constate — en pensant à La Fontaine — que l'homme et l'écrivain sont deux : « un homme paraît grossier, lourd, stupide, il ne sait pas parler, ni raconter ce qu'il vient de voir » (56 : 368), mais quand il se met à écrire, « c'est le modèle des bons contes, il fait parler les animaux, les arbres, les pierres, tout ce qui ne parle point : ce n'est que légèreté, qu'élégance, que beau naturel, et que délicatesse dans ses ouvrages » (56 : 368). Un autre exemple est fourni par Corneille, homme simple, timide, d'une ennuyeuse conversation », mais qui, s'il « s'élève par la composition », est roi, politique, philosophe, « entreprend de faire parler des héros, de les faire agir » (56 : 368). Le modèle de ces personnages doubles, c'est Socrate, que La Bruyère appelle « un fou plein d'esprit » (66 : 372) et, à sa suite, Rabelais, dont l'extérieur grossier de l'œuvre nous trompe sur son contenu.

Ne pourrions-nous pas ici discerner quelque chose qui le concerne lui-même ? Le procédé paraît à plusieurs reprises, indiquant que La Bruyère y attachait une certaine importance et pourrait très bien le révéler lui-même indirectement. Les contemporains faisaient allusion à une certaine laideur chez lui; il devait aussi, parmi les grands, à la cour, se comporter d'une manière timide et gauche. Les *Caractères* seraient une compensation; il y puise toutes les audaces; il critique à gauche et à droite avec une franchise qui ne serait certainement pas possible dans une conversation civilisée. Il fait, dans les *Caractères*, l'école buissonnière, loin de la cour et de ses exigences, loin du monarque et de son autorité, loin des dames et grands seigneurs et de leur élégance.

Dans le monde de la fiction, La Bruyère a toutes les libertés; il peut se dissimuler lui-même dans ses « caractères » pour faire frauduleusement un aveu personnel. Par exemple, on pourrait voir dans le « caractère » Antisthius un La Bruyère sensible à la critique et qui se défend devant elle[1] :

> « Je pardonne, dit Antisthius, à ceux que j'ai loués
> dans mon ouvrage s'ils m'oublient : qu'ai-je fait pour
> eux ? ils étaient louables. Je le pardonnerais moins à
> tous ceux dont j'ai attaqué les vices sans toucher à
> leurs personnes, s'ils me devaient un aussi grand bien
> que celui d'être corrigés ; mais comme c'est un événe-
> ment qu'on ne voit point, il suit de là que ni les uns ni
> les autres ne sont tenus de me faire du bien.
>
> « L'on peut, ajoute ce philosophe, envier ou refuser
> à mes écrits leur récompense : on ne saurait en dimi-
> nuer la réputation ; et si on le fait, qui m'empêchera
> de le mépriser ? » (67 : 372-73).

On pourrait voir dans l'extraordinaire portrait « double » que
La Bruyère fait de Théodas un décalque — en très exagéré — de
La Bruyère lui-même, se voyant sous ses aspects multiples et
contradictoires : « Ce sont en lui comme deux âmes qui ne se
connaissent point, qui ne dépendent point l'une de l'autre, qui
ont chacune leur tour ou leurs fonctions toutes séparées... Je
commence à me persuader moi-même que j'ai fait le portrait
de deux personnages tout différents » (56 : 369). Il aurait pu voir
en lui-même, au niveau de sa vie, « un homme facile, doux,
complaisant, traitable, et tout d'un coup violent, colère, fou-
gueux, capricieux » et, au niveau de l'œuvre qu'il crée et qui est
opposée par ses qualités à l'homme, la dichotomie qu'il relève
encore chez Théodas : « Imaginez-vous un homme simple, ingénu,
crédule, badin, volage, un enfant en cheveux gris ; mais permettez-
lui de se recueillir, ou plutôt de se livrer à un génie qui agit en
lui, j'ose dire, sans qu'il y prenne part et comme à son insu :
quelle verve ! quelle élévation ! quelles images ! quelle latini-
té ! » (56 : 369). Décalque de lui-même peut-être, mais qu'il
verrait dans l'imaginaire de ses possibilités. Retenu par sa nature
et les exigences du siècle, il est du côté de la mesure, mais sans
doute avec des velléités du contraire ; le génie qu'il imagine
représenterait un certain désir de liberté, d'« inspiration » que
son code l'oblige à refouler. S'il exagère le côté fou et fantasque
de Théodas, en l'exploitant jusqu'au grotesque — « Il crie, il

---

1. Garapon prétend en effet que, sous le nom d'Antisthius, La
Bruyère se désigne lui-même (p. 372).

s'agite, il se roule à terre, il se relève, il tonne, il éclate » (56 :
369) —, c'est qu'il veut donner de lui-même un exemple, par le
portrait hyperbolique, de sa « verve » et de ses goûts pour l'« élévation ».

La Bruyère semble, d'une part, à en juger par son style
enjoué, faire l'éloge du génie pour souligner la distance qui
sépare celui qui pense comme un sage et parle comme un fou.
Dans le même mouvement cependant, il fait la caricature de ce
génie vu dans ses moments de frénésie. La Bruyère signifie aussi
par là les pouvoirs de l'écriture qui s'affirme indépendamment
de la raison que le sujet exige, qui met une « lumière qui brille et
réjouit » au « milieu de cette tempête » (56 : 369). Ces allusions
indirectes à lui-même restent problématiques, mais il n'est pas
impossible de supposer que La Bruyère intervient personnellement dans l'examen de ces caractères. S'il propose le travail à
l'écrivain et s'il semble condamner ce que nous appelons aujour-
d'hui le génie, il aime à faire allusion chez les autres à leur côté
fantaisiste et poétique. Par l'intermédiaire de Théodas, il voit sa
double nature qui agit au niveau de l'œuvre et qui oscille entre
l'être modéré et plaisant qu'il peut être et l'écrivain satirique,
caustique, souvent emporté.

A Théodas l'inspiré, La Bruyère oppose un personnage tel
que Hérille qui, au lieu de se référer à lui-même pour les arguments de la conversation, veut citer à tout prix. Il ne parle que
par procuration ; il fait dire à Aristote que le vin enivre et à
Cicéron que l'eau tempère, à Platon que la vertu est aimable et
le vice odieux. Ce désir de citer est installé en lui comme une
manie : « il veut... devoir aux Anciens, aux Latins, aux Grecs »
(64 : 371) ce qu'il devrait être capable de penser lui-même. Il
pourrait y avoir ici encore une vague référence à lui-même,
puisqu'il cite les Anciens, se réfère à eux, et que toute son œuvre
est issue de l'exemple de Théophraste.

Il y a certes une présence de La Bruyère derrière ses personnages, d'un homme tour à tour morose et enjoué, à la fois profond et léger, fuyant ou insistant, soucieux de maintenir un
certain sourire dans le sérieux et une certaine gravité au moment
où il semble jouer. Les maximes et les pensées représentent le
côté sérieux de l'auteur, alors que certains de ses caractères
semblent figurer le côté plus « divertissant ». La Bruyère, d'une

part, vise à l'écriture modérée qui soit conforme à sa nature essentielle; d'autre part, il se livre à une exquise fantaisie. Sa présence se manifeste également dans le fait qu'il est critique des autres, mais tout en acceptant une partie de la critique pour lui-même. Il se rend compte que l'écrivain, pour que ses observations soient justes, doit se fonder sur ses propres expériences, mais il sait également que ces observations doivent être présentées sous une forme telle qu'elle pourrait s'appliquer à l'universel, représenter l'homme en général. Il faut que l'on trouve l'homme dans l'auteur, mais un homme qui donne les résultats de sa pensée et qui ne cherche pas, comme Montaigne, à nous présenter l'homme en train de penser et doutant sans cesse de sa démarche.

Ce qui distingue donc le style de La Bruyère, c'est dans l'ensemble et la suite de son œuvre qu'il faut le saisir : juxtaposition de styles divers qui n'en sont qu'un, communiquant nettement la vision unique de l'écrivain. Ce recueil tel qu'il est, défie souvent, par sa lucidité, la critique même, comme nous le laisse entendre la remarque ambiguë avec laquelle le livre se termine : « Si on ne goûte point ces *Caractères*, je m'en étonne; et si on les goûte, je m'en étonne de même » (50 : 487). Le La Bruyère essentiel se manifeste dans les passages où il s'amuse, touche à ses sujets avec verve et fantaisie, où il laisse à la plus fine ironie le soin d'articuler le texte. C'est la part de jeu dans les *Caractères* qui importe à ceux qui s'intéressent au style plus qu'aux leçons — pourtant nombreuses et substantielles — qu'il donne. C'est en somme quand le poète l'emporte sur le pédagogue et le moraliste, quand il s'éloigne de son idée fixe du vrai, de sa notion du bien à poursuivre, et qu'il s'entretient avec ses fantoches, les amateurs de tulipes, de prunes ou d'oiseaux, qu'il témoigne de son originalité la plus pure. En ces moments-là, le « génie » de La Bruyère est à l'œuvre et l'élève au-dessus des sujets à traiter, des mœurs à régler, des leçons à donner.

BIBLIOGRAPHIE

I. ÉDITIONS CONSULTÉES

Œuvres complètes, éd. Julien Benda, Paris : Gallimard, Bibliothèque de la Pléiade, 1951.

Œuvres complètes, nouvelle édition, éd. A. Chassang, Paris :
Garnier, 1876, 2 vol.

*Les Caractères de Théophraste traduits du grec avec les Carac-
tères ou les Mœurs de ce siècle,* éd. Robert Garapon, Paris :
Garnier, 1962.

Les Caractères, précédés des Caractères de Théophraste, éd.
Robert Pignarre, Paris : Garnier-Flammarion, 1965.

Œuvres, éd. Gustave Servois, Paris : Hachette, 1865-82, 3 vol.

II. OUVRAGES CITÉS

Barthes, Roland. « La Bruyère », *Essais critiques,* Paris : Seuil,
1964, pp. 221-37.

— « La Rochefoucauld : ''Réflexions ou Sentences et Maximes'' », *Le degré zéro de l'écriture,* suivi de *Nouveaux
essais critiques,* Paris : Seuil, 1972, pp. 69-88.

Bergson, Henri. *Le Rire,* Paris : Alcan, 1900.

Biason, Maria Teresa. « La scrittura dei nomi : Uso ed effetti
nei *Caractères* di La Bruyère », *Paragone,* 348 (1979),
63-77.

— « Nomi e numi nei *Caractères* di La Bruyère », *Studi Francesi,* 69 (1979), 449-59.

Boileau. *Œuvres,* éd. Georges Mongrédien, Paris : Garnier, 1961.

Brody, Jules. *Du Style à la pensée : trois études sur les Caractères de La Bruyère,* Lexington : French Forum, 1980.

Brunetière, F. *Histoire de la littérature française classique* (1515-
1830), tome 2, *Le dix-septième siècle,* Paris : Delagrave, 1912.

Charles, Michel, *Rhétorique de la lecture,* Paris : Seuil, 1977.

Chatelain, Danièle. « Itération interne et scène classique », *Poétique,* 51 (1982), 369-81.

De Mourgues, Odette. *Two French Moralists : La Rochefoucauld and La Bruyère,* Cambridge University Press, 1978.

Doubrovsky, Serge. « Lecture de La Bruyère », *Poétique,* 1 (1970), 195-201.

— « Une écriture tragique », *Poétique,* 47 (1981), 329-54.

Flaubert, G. *Correspondance,* vol. 1, Nouvelle édition augmentée, Paris : Conard, 1926.

Furetière. *Dictionnaire,* La Haye, 1727.

Garapon, Robert. *Les Caractères de La Bruyère : La Bruyère au travail,* Paris : Société d'Édition d'Enseignement Supérieur, 1978.

Genette, Gérard. *Palimpsestes. La Littérature au second degré,* Paris : Seuil, 1982.

Gide, André. *Journal* 1889-1939, Paris : Gallimard, Bibliothèque de la Pléiade, 1941.

Glauser, Alfred. *Rabelais créateur,* Paris : Nizet, 1966.

Gray, Floyd. *La Balance de Montaigne : exagium/essai,* Paris : Nizet, 1982.

— *Le Style de Montaigne,* Paris : Nizet, 1958.

Hudon, Louis. « La Bruyère et Montaigne », *Studi Francesi,* 17 (1962), 208-24.

Jeanson, Francis. « Le Moraliste grandeur nature », *Les Temps Modernes,* 54 (1950), 1764-96.

Kirsch, Doris. *La Bruyère ou le style cruel,* Montréal : Presses de l'Université, 1977.

Koppisch, Michael S. *The Dissolution of Character. Changing Perspectives in La Bruyère's « Caractères »,* Lexington : French Forum, 1981.

Lautréamont. *Oeuvres complètes,* éd. Pierre-Olivier Walzer, Paris : Gallimard, Bibliothèque de la Pléiade, 1970.

Meleuc, Serge. « Structure de la maxime », *Langages,* 13 (1969), 69-99.

Michaut, Gustave, « Le "La Bruyère" de Sainte-Beuve », *Revue d'Histoire littéraire de la France,* 13 (1906), 505-44 ; 714-26.

Molho, Raphaël. *L'Ordre et les Ténèbres ou la Naissance d'un mythe du XVIIe siècle chez Sainte-Beuve,* Paris : Armand Colin, 1972.

Montaigne. *Œuvres complètes,* éd. Albert Thibaudet et Maurice Rat, Paris : Gallimard, Bibliothèque de la Pléiade, 1962.

Mouton, Jean. « La Bruyère : Le recours à l'objet », *Les Intermittences du regard chez l'écrivain,* Paris : Desclées de Brouwer, 1973, pp. 35-54.

Navarre, Octave. « Théophraste et La Bruyère », *Revue des Études grecques,* 35 (1914), 384-440.

Pierssens, Michel. « Fonction et champ de la maxime. Notes pour une recherche », *Sub-stance, n°* 0 (March 1971), 1-9.

Proust, Marcel. *Contre Sainte-Beuve,* Paris : Gallimard, 1954.

Rabelais. *Œuvres complètes,* éd. Pierre Jourda, Paris : Garnier, 1962.

Sainte-Beuve. « La Bruyère », *Grands Écrivains français,* éd. Maurice Allem, *XVIIe siècle, Philosophes et Moralistes,* Paris : Garnier, 1928, pp. 150-98.

— *Port-Royal,* éd. Maxime Leroy, Paris : Gallimard, Bibliothèque de la Pléiade, 1954, vol. II.

Saint-Simon. *Mémoires,* éd. Gonzague Truc, Paris : Gallimard, Bibliothèque de la Pléiade, vols. I, IV, 1953.

Sanders, Hans. « Moralistik und höfische Institution Literatur : La Bruyère », *Romanistische Zeitschrift für Literaturgeschichte,* 5 (1981), 193-213.

Stegmann, André. *Les Caractères de La Bruyère : Bible de l'honnête homme,* Paris : Larousse, 1972.

Stendhal. *Œuvres intimes,* éd. V. del Litto, Paris : Gallimard, Bibliothèque de la Pléiade, 1955.

Théophraste. *Les Caractères,* éd. Octave Navarre, Paris : Les Belles Lettres, 1920.

Thibaudet, Albert. « En lisant Théophraste », *Revue critique des idées et des livres,* 30 (1920), 676-89.

— *Le Bergsonisme,* Paris : Gallimard, 1923.

– *Physiologie de la critique,* Paris : Nouvelle Revue critique, 1930.

– *La Poésie de Stéphane Mallarmé,* Paris : Gallimard, 1926.

Todorov, Tzvetan. « La comédie humaine selon La Rochefoucauld », *Poétique,* 53 (1983), 37-47.

Valéry, Paul. *Tel Quel* I, Paris : Gallimard, 1941.

Van Delft, Louis. « Du caractère, de Théophraste à La Bruyère », *Papers on French Seventeenth Century Literature,* Actes de Berkeley, 8 (1981), 165-92.

– La Bruyère moraliste. *Quatre études sur les Caractères,* Genève : Droz, 1971.

Vauvenargues. *Œuvres,* éd. Pierre Varillon, Paris : Cité du Livre, 1929.

Zola, É. « Les Moralistes français », *Mes Haines,* Paris : Charpentier, 1879, pp. 139-54.

III. AUTRES OUVRAGES CONSULTÉS

Alter, Jean. « La Bruyère : Trois variations sur la pathologie du signe », *Papers on French Seventeenth Century Literature,* Actes de Berkeley, 8 (1981), 193-200.

Barthes, Roland. *Mythologies,* Paris : Seuil, 1957.

Bauer, Gérard. *Les Moralistes français,* Paris : Albin Michel, 1962.

Benda, Julien. « La Bruyère », *Tableau de la littérature française,* Paris : Gallimard, vol. II, 1939, pp. 155-70.

Bénichou, Paul. « L'invention des *Maximes* », *L'Écrivain et ses travaux,* Paris : Corti, 1967, pp. 3-37.

– *Morales du grand siècle,* Paris : Gallimard, 1948.

Berk, Philip. « La Bruyère and the Middle Style », *Papers on French Seventeenth Century Literature,* 3 (1975), 47-58.

– « The Shape and Shaping of "Des ouvrages de l'esprit" : La Bruyère and Horace », *Papers on French Seventeenth Century Literature,* 10 (1983), 111-13.

Blanchot, Maurice. *L'entretien infini,* Paris : Gallimard, 1969.

Borgerhoff, E.B.O. *The Freedom of French Classicism,* Princeton University Press, 1950.

Brody, Jules. « Sur le style de La Bruyère », *L'Esprit Créateur*, 11 (1971), 154-68.

Campion, Edmund J. « Rhetorical Theory in *Les Caractères »*, *Papers on French Seventeenth Century Literature*, Actes de Berkeley, 8 (1981), 227-38.

Camus, Albert. « Introduction aux Maximes de Chamfort », *Essais*, éd. Roger Quillot et Louis Faucon, Paris : Bibliothèque de la Pléiade, 1965, pp. 1099-1109.

Cazelles, Jean. « La Bruyère helléniste », *Revue des Études grecques*, 35 (1922), 180-97.

Charles, Michel. « L'amour de la littérature », *Poétique*, 47 (1981), 371-90.

Chamard, Henri. « La Bruyère », *The Rice Institute Pamphlet*, 18 (1931), 31-43.

Coirault, Yves. « Un La Bruyère à la Tacite : les maximes et les portraits dans l'œuvre et la pensée historique du duc de Saint-Simon, *Cahiers de l'Association Internationale des Études françaises*, 18 (1966), 159-66.

Collignon, Albert. « Note sur l'onomastique de La Bruyère », *Revue d'Histoire littéraire de la France*, 14 (1907), 1-16.

Cruichshank, John. « Aphorism and portraiture », *French Literature and its Background, 2, The Seventeenth Century*, London : Oxford University Press, 1969, pp. 136-51.

Culler, Jonathan. « Paradox and the Language of Morals in La Rochefoucauld », *Modern Language Review* (1973), 28-39.

Daulny, Jean-Paul. « Aphorisme et aphorismes ou la génération d'une expression exemplaire », *Sub-stance*, n° 0 (1971), 10-17.

Fournier, Édouard. *La Comédie de Jean de La Bruyère*, Paris : Dentu, 1866.

Gallas, K.R. « La Composition interne du chapitre "Des Ouvrages de l'esprit" », *Neophilologus*, 3 (1918), 253-60.

Gosse, Edmund. *Three French Moralists*, Freeport, New-York : Books for Librairies Press, Inc., 1967.

Guggenheim, Michel. « L'Homme sous le regard d'autrui ou le monde de La Bruyère », *Publications of the Modern Language Society of America*, 81 (1966), 535-39.

— « Le philosophe de La Bruyère : homme oisif, libre, utile »,
Studi Francesi, 73 (1981), 9-23.

Hankiss, Jean. « "Inspiration géométrique" and the "Caractères"
de La Bruyère », *Neophilologus,* 35 (1952), 65-75.

Harth, Erica. « Classical Disproportion : La Bruyère's *Caractères », From Humanism to Classicism.* Essays by his Former
Students in Memory of Nathan Edelman, *L'Esprit Créateur,*
15 (1975), 189-210.

— *Ideology and Culture in Seventeenth Century France,* Ithaca :
Cornell University Press, 1983.

Hellegouarc'h, Jacqueline. *La Phrase dans les Caractères de La
Bruyère. Schémas et effets,* Paris : Champion, 1975.

Horowitz, Louise K. « La Bruyère : The Limits of Characteriza-
tion », *French Forum,* 1 (1976), 127-38.

— *Love and Language : A Study of the Classical French Mora-
list Writers,* Columbus : Ohio State University Press, 1977.

Janet, Paul. « La Psychologie des mœurs de La Bruyère », *Les
Passions et les Caractères dans la littérature du XVIIe siècle,*
Paris : 1898, pp. 165-267.

Jasinski, René. *Deux Accès à La Bruyère,* Paris : Minard, 1971.

Knox, Edward C. *Jean de La Bruyère,* New-York : Twayne
Publishers, 1973.

Koppisch, Michael S. « On Three Texts of La Bruyère's, *Papers on
French Seventeenth Century Literature,* Actes de Berkeley,
8 (1981), 201-09.

Kruse, Margot. « Sagesse et Folie dans l'œuvre des moralistes »,
*Cahiers de l'Association Internationale des Études fran-
çaises,* 30 (1978), 121-37.

Lafond, Jean. « Les Techniques du portrait dans le "Recueil des
portraits et éloges" de 1659 », *Cahiers de l'Association Internationale des Études françaises,* 18 (1966), 139-48.

Leiner, Wolfgang. « Du portrait dans les épîtres liminaires »,
*Cahiers de l'Association Internationale des Études fran-
çaises,* 18 (1966), 149-58.

Lanavère, Alain. « La Bruyère, les Italiens et l'Italie », *Mélanges
à la mémoire de Franco Simone,* vol. 2, Genève : Slatkine,
1981, pp. 365-81.

— « Morale et ironie dans les *Caractères*. La Bruyère disciple de Théophraste », *Humanisme et foi chrétienne,* Mélanges scientifiques du centenaire de l'Institut Catholique de Paris, éd. Charles Kannengiesser et Yves Marchasson, Paris : Beauchesne, 1976, pp. 181-91.

Laubriet, Pierre. « A propos des *Caractères,* ordre ou fantaisie ? », *Revue de l' Histoire littéraire de la France,* 67 (1967), 502-17.

Levi, Anthony. *French Moralists : The Theory of the Passions, 1585 to 1649,* Oxford : Clarendon Press, 1964.

Lewis, Philip. « Language and French critical debate », *Yale French Studies,* 45 (1970), 154-65.

Linkhorn, Renée. « L'humour linguistique chez La Bruyère », *Studi Francesi,* 65-66 (1978), 250-60.

Litman, Théodore A. *Le Sublime en France* (1660-1714), Paris : Nizet, 1971.

Marmier, Jean. « Le Sens du mouvement chez La Bruyère », *Les Lettres Romanes,* 21 (1967), 223-37.

Michaud, Ginette. « Fragment et dictionnaire. Autour de l'écriture abécédaire de Barthes », *Études françaises,* 18 (1983), 59-80.

Michaut, Gustave. *La Bruyère,* Paris : Boivin, 1936.

Morillot, Paul. *La Bruyère,* Paris : Hachette, 1904.

Niderst, Alain. « "Du mérite personnel". Remarques sur la composition d'un chapitre des "Caractères" de La Bruyère », *Approches des lumières,* Mélanges offerts à Jean Fabre, Paris : Klincksieck, 1974, pp. 333-44.

Paoli, Jacques. « Défilé entre La Bruyère et Bergson », *Göteborgs Högskolas Arsskrift,* 45 (1939), n° 2.

Paquot-Pierrot, Léon. *L'Art du portrait chez La Bruyère,* Bruxelles : Collection Lebègue, 1941.

Paris, Jean. *L'Espace et le Regard,* Paris : Seuil, 1965.

Pizzorusso, Arnaldo. « La poetica di La Bruyère », *Studi Francesi,* 1 (1957), 43-57 ; 2 (1957), 198-212.

Poulet, Georges. *Études sur le temps humain,* II, *La Distance intérieure,* Paris : Plon, 1952.

Prévot, Jacques. « L'art du portrait chez Bussy-Rabutin », *Revue de l'Histoire littéraire de la France,* 69 (1969), 1-12.

Rat, Maurice. « Grammairiens et amateurs du beau langage : La Bruyère », *Vie et Langage,* 49 (1956), 207-10.

Richard, Pierre. *La Bruyère et ses « Caractères »,* Paris : Nizet, 1965.

Rigolot, François. « Montaigne's Maxims : From the Discourse of Other to the Expression of Self », *L'Esprit Créateur,* 22 (1982), 8-18.

Romero, Laurent. « Lectures de La Bruyère. Esquisse d'un bilan 1970-1978 suivie d'une bibliographie », *Papers on French Seventeenth Century Literature,* Actes de Berkeley, 8 (1981), 239-54.

Rosso, Corrado. « La Rochefoucauld, La Bruyère e Vauvenargues nella prospettiva critica di ieri e di oggi », *Vertù e critica della vertù nei moralisti francesi,* Turin : Ediz. di filosofia, 1964, pp. 203-57.

Rousset, Jean. « Les difficultés de l'autoportrait », *Revue de l'Histoire littéraire de la France,* 69 (1969), 540-50.

Schor, Naomi. « Le Détail chez Freud », *Littérature,* 37 (1980), 3-14.

Tavera, François. *L'Idéal moral et l'idée religieuse dans les Caractères de La Bruyère. L'Art de La Bruyère,* Paris : Mellottée, 1940.

Tilley, Arthur. *The Decline of the Age of Louis XIV,* Cambridge University Press, 1929.

Truchet, Jacques. « Guerre et paix dans les "Caractères" de La Bruyère », *Revue de l'Histoire littéraire de la France,* 69 (1969), 451-61.

— « Place et signification du chapitre "De la Chaire", *Information littéraire,* 17 (1965), 93-101.

Turner, Margaret. « The Influence of La Bruyère on the "Tatler" and the "Spectator" », *Modern Language Review,* 48 (1953), 10-16.

Van Delft, Louis. « Clarté et Cartésianisme de La Bruyère », *French Review,* 44 (1970), 281-90.

— « Littérature et anthropologie : le *caractère* à l'âge classique », *Le Statut de la littérature,* Mélanges offerts à Paul Bénichou, édités par Marc Fumaroli, Genève : Droz, 1982, pp. 97-115.

— « Sur le statut de la maxime au XVIIe siècle : Esthétique et éthique dans *L'Art poétique* », *L'Esprit Créateur,* 22 (1982), 39-45.

Van der Cruysse, Dirk. *Le Portrait dans les « Mémoires » du duc de Saint-Simon,* Paris : Nizet, 1971.

Wadsworth, Philip A. « La Bruyère against the Libertines », *Romanic Review,* 38 (1947), 226-33.

Wardman, H.W. « On Defining Character in "Les Caractères", *Essays in French Literature,* 11 (1974), 1-13.

Woshinsky, Barbara R. « Shattered Speech : La Bruyère, *de la cour,* 81 », *Papers on French Seventeenth Century Literature,* Actes de Berkeley, 8 (1981), 211-26.

INDEX DES NOMS PROPRES

Amyot. 85, 149.
Aristote. 159.
Balzac, Guez de. 23, 43, 44, 150.
Balzac, Honoré de. 27, 51, 67
Barthes, Roland. 14, 50, 60, 113, 139.
Baudelaire. 67.
Becque. 91.
Belleau. 26.
Benda. 137.
Bergson. 131, 137.
Biason, Maria Teresa. 115.
Boileau. 23, 31, 49, 97, 130.
Bossuet. 120, 150.
Bouhours. 23.
Bouillon, Godefroy de. 126.
Brody, Jules. 14, 123.
Brunetière. 103.
Chapelain. 97.
Charles, Michel. 36.
Chatelain, Danièle. 72.
Cicéron. 159.
Corneille. 19, 23, 28, 45, 46, 47, 81, 88, 128, 149, 150, 157.
Crébillon. 97
Dacier. 85.
De Mourgues, Odette. 14, 31.
Descartes. 19, 87, 88.
Despréaux. 92.
Doubrovsky, Serge. 14, 17, 50, 129.

Du Bos, Charles. 50.
Du Bellay. 26.
Ésope. 85.
Flaubert. 29, 31, 36.
Furetière. 13.
Garapon, Robert. 16, 25, 70, 137, 145, 158.
Genette, Gérard. 96.
Gide. 20, 50, 103.
Glauser, Alfred. 114.
Gray, Floyd. 32, 33.
Homère. 23, 40.
Horace. 31, 40, 92.
Hudon, Louis. 93.
Hugo. 42, 80, 103, 116.
Jeanson, Francis. 70.
Jourda, Pierre. 115.
Kirsch, Doris. 14.
Koppisch, Michael S. 14.
La Bruyère, Geoffroy. 126.
La Fontaine. 45, 85, 157.
La Rochefoucauld. 16, 51, 54, 56, 60, 67, 88, 95, 127, 145, 146, 152, 155.
Lautréamont. 25.
Leroy, Maxime. 90.
Lesage. 36.
Litto V. del. 128.
Malherbe. 149, 150.
Malebranche. 94.
Mallarmé. 26, 54.
Marivaux. 97.
Marmontel. 97.
Marot. 23, 42, 43, 44, 149.

Meleuc, Serge. 54, 73, 76.
Michaut, G. 52, 92.
Molho, Raphaël. 42.
Molière. 23, 28, 42, 47, 50, 88, 89, 90, 91, 92, 105, 109, 128.
Montaigne. 13, 17, 18, 20, 23, 24, 27, 29, 32, 33, 34, 35, 36, 37, 38, 39, 41, 50, 51, 67, 68, 75, 76, 88, 92, 93, 94, 95, 96, 97, 98, 99, 100, 101, 102, 105, 106, 107, 109, 117, 120, 123, 127, 135, 137, 147, 150, 152, 155, 160.
Mouton, Jean. 70.
Navarre, Octave. 85.
Nicole. 94.
Panurge. 115.
Pascal. 13, 16, 19, 51, 67, 87, 88, 95, 99, 127, 150, 152, 155.
Pierssens, Michel. 54, 56.
Pignarre, Robert. 99.
Platon. 40, 92, 159.
Proust. 102.
Rabelais. 21, 23, 30, 36, 39, 42, 109, 114, 115, 116, 121, 145, 157.
Racine. 23, 28, 45, 46, 47, 86, 88, 128, 150.

Regnard. 136.
Régnier. 36.
Ronsard. 26, 43, 44, 149.
Saint-Simon. 124, 125.
Sainte-Beuve. 33, 38, 42, 51, 52, 82, 90, 91, 92, 102, 152.
Sanders, Hans. 14.
Santeul. 145.
Sartre. 50.
Sévigné, Mme de. 113.
Socrate. 157.
Stegmann, André. 14, 56, 64, 68.
Stendhal. 128.
Térence. 23, 42.
Théophile. 150.
Théophraste. 15, 26, 37, 79, 86, 87, 113, 159.
Thibaudet. 20, 26, 38, 51, 85, 86, 113, 127, 136.
Todorov, Tzvetan. 146.
Truc, Gonzague. 124.
Valéry. 32, 50.
Van Delft, Louis. 14, 140.
Varillon, Pierre. 31.
Vauvenargues. 31.
Villeroy. 124.
Villon. 17.
Virgile. 23, 40.
Voiture. 23, 44, 149.
Walzer, Pierre-Olivier. 26.
Zola. 67, 73.

INDEX DES NOMS DE CARACTERES

Acis. 77, 78.
Aemile. 120, 121, 151.
Alcippe. 63.
Amateur.
    de bâtiments, 144 ;
    de bustes, 144 ;
    de coquilles, 144 ;
    d'estampes, 144 ;
    d'insectes, 144 ;
    de livres, 144 ;
    de médailles, 144 ;
    d'oiseaux, 143, 144 ;
    de prunes, 142 ;
    de tulipes, 140, 141, 142 ;
Antagoras. 115.
Antisthius. 157, 158.
Aristide. 64.
Arrias. 67, 68.
Aurèle. 64.
Basilide. 67.
Bérylle. 134.
Bronte. 111.
Brontin. 63.
Celse. 76, 121, 122.
Cléante. 70.
Cléon. 64.
Clitiphon. 73.
Cliton. 132, 153.
Cydias. 67.
Démophile. 67.
Diphile. 14, 67, 113, 143, 144.
Dorinne. 110.
Drance. 107.
Elmire. 57, 111, 112.
Eurypyle. 24.
Eustrate. 147.

Euthyphon. 69.
Fauste. 64.
Giton. 20, 67, 127, 128, 129, 130, 152.
Glycère. 67, 111.
Gnathon. 67, 131, 132, 152.
Hérille. 159.
Hermagoras. 115.
Hermas. 110.
Hermippe. 118, 119.
Iphis. 146.
Irène. 67.
Lélie. 111.
Lise. 67.
Ménalque. 67, 76, 86, 121, 127, 134, 135, 136, 137, 138, 139.
Ménippe. 102, 124.
Ménophile. 69.
Mopse. 121, 122.
N. 68.
N**. 153.
Narcisse. 123.
Onuphre. 67, 88, 89, 90, 91.
Pamphile. 67, 71.
Phédon. 20, 67, 127, 128, 129, 130, 152.
Phidippe. 131, 153.
Philémon. 76, 79, 80.
Ruffin. 72, 152.
Télèphe. 76, 115.
Théodas. 158, 159.
Théodat. 57.
Théodecte. 17, 112.
Théodote. 115.
Théonas. 115.
Troïle. 112.
Typhon. 115, 116.

TABLE DES MATIERES

Pages

INTRODUCTION   13

I.   LES OUVRAGES DE L'ESPRIT   23
     1. Tout est dit   25
     2. La notion de clarté et du mot juste   29
     3. Écrire est un métier   31
     4. La perfection littéraire   33
     5. L'auteur et les autres   36
     6. La Bruyère lecteur   38
     7. Du génie   40
     8. La fragmentation   50

II. MAXIMES   53

III. CARACTERES   67

IV. JEUX INTERTEXTUELS   85

V.   LE MORALISTE-POETE   103
     1. Pesées   105
     2. La société fictive   112
     3. Vanité   119
     4. Le dramatique   126
     5. Du particulier au grotesque   131
     6. Les maniaques   140

CONCLUSION   149

BIBLIOGRAPHIE   161

INDEX DES NOMS PROPRES   171

INDEX DES NOMS DE CARACTERES   173

ACHEVÉ D'IMPRIMER PAR
LES PRESSES DU PALAIS ROYAL
65, rue Sainte-Anne, 75002 PARIS
2ème Trimestre 1986
N° Éditeur 2131
N° dépôt légal 10503